한국지방행정연구원총서

지방행정의 유사중복기능

금창호 권오철

傳 英 社

머 리 말

재정적자와 비효율성으로 대변되는 정부실패 이후 정부개혁에 대한 관심은 세계적인 흐름으로 자리잡아 왔다. 뿐만 아니라, 국가경쟁력을 결정하는 핵심요인의 하나로 정부의 경쟁력이 거론되면서 정부의 구조와 운영에 관한 다양한 실험들이 전개되어 왔다. 정부의 역할을 새롭게 정립하면서 작은 정부에 대한 논쟁이 심화되었고, 운영과정에서도 비효율성을 제거하기 위한 다양한 노력이 이루어졌으며, 행정서비스의 공급과정에서도 기존의 공급자 중심에서 수요자 중심으로 전환하기 위한 방안들이 강구되어 왔다. 이처럼 최근의 정부개혁은 여러 가지 논란이 제기되는 가운데서도 하나의 거대한 담론을 형성해 온 것은 분명한 사실이다.

우리나라에서도 "문민정부" 이후 세계적인 정부개혁 방향을 반영하여 정부의 효율성을 제고하기 위한 다각적인 개혁에 박차를 가해 왔다. 특히, 이명박 정부는 출범과 동시에 "작은 정부"에 대한 명시적인 개혁목표를 제시하고, 정부의 군살을 제거하는 한편, 성과를 향상하기 위한 정책적 방안들을 모색하고 있다. 크게 보면, 구조적인 측면에서 정부의 경량화를 지향하는 동시에 운영적인 측면에서 효율성을 강화하기 위한 여러 가지 정책적 방안들이 논의되고 있는 실정이다.

본 저서는 이명박 정부의 정부개혁 가운데 특히, 지방행정의 유사 및 중복기능에 초점을 두고 있다. 주지하다시피, 이명박 정부는 지방행정의 기능수행과 관련해서 특별지방행정기관의 정비와 기관위임사무의 폐지 등을 통해 낭비적 요소를 해소하려는 노력을 기울이고 있다. 이러한 작업이 완결되면, 행정비용의 절감과 더불어 주민의 편익 역시 증대할 것으로 기대된다. 그러나 지방자치단체는 종합행정이라는 특성으로 인해 핵심적이고 특징적인 기능 외에도 다수의 분야에서 기능중복이 존재하며, 이들이 행정비용을 증가시키는 요인으로 작용하고 있다. 뿐만 아니라 이러한 기능들은 특별지방행정기관처럼 집중적인 관심의 대상이 아니라서 실태에 대한 분석조차 이루어지지 않은 실정이다. 이에 따라 본 저서에서는 지방자치단체에서 이루어지고 있는 기능을 대상으로 다양한 유형의 유사 및 중복적 측면을 찾아내고, 이를 해결하기 위한 절차적 방법들을 모색하는 데 초점을 두고 있다. 다만, 지방행정에서 존재하는 유사 및 중복기능이 매우 광범위하고, 다양한 유형으로 존재하는 까닭에 중앙과 지방자치단체간에 발생되는 중복기능 즉, 특별지방행정기관과 지방자치단체간의 중복현상은 본문에서 제외하고 있다. 대신에 부록으로 제시하여 독자의 편의를 돕고자 하였다. 하여튼, 본 저서에서 다루어지고 있는 지방행정의 유사 및 중복기능이 적절한 방법으로 해소된다면, 지방자치단체의 조직관리가 한층 효율화될 것으로 기대된다.

본 저서는 많은 분들의 도움으로 출간의 빛을 보게 되었다. 졸저의 출간을 기꺼이 허락해주신 한국지방행정연구원의 유정석 원장님과 격려를 아끼지 않으신 임성일 정책연구실장님, 이상용

기획관리실장님 그리고 동료직원들에게 이 자리를 빌어 진심으로 감사의 말씀을 올린다. 아울러 발간에 여러 가지 도움을 주신 박영사 회장님 이하 관계자들에게도 심심한 감사의 말씀을 드린다.

2008. 12

금창호 · 권오철

목　　차

제1장 서　　론

제 1 절　연구목적 ………………………………………………… 11

제 2 절　연구범위 및 방법 ………………………………………… 13

1. 연구범위 …………………………………………………… 13
2. 연구방법 …………………………………………………… 14

제2장 지방행정 유사·중복기능 조정에 대한 이론적 논의 및 선행연구

제 1 절　지방행정의 기능수행체계 ………………………………… 17

1. 관장기능의 특성 …………………………………………… 17
2. 기능수행체계 ……………………………………………… 21

제 2 절　유사·중복기능의 개념 …………………………………… 23

제 3 절　유사·중복성에 대한 이론적 논의 ………………………… 26

1. 효율성 논의와 유사중복기능의 문제 ……………………… 26
2. 기능배분 논의와 유사중복기능의 문제 …………………… 28

가. 기능배분의 목적 / 28

나. 기능배분의 일반원칙 / 29
다. 기능배분과 유사·중복의 논점 / 32
제 4 절　유사·중복기능의 유형과 특징 35
1. 유형화 기본모형 35
2. 유형별 특징 36
제 5 절　유사·중복기능 선행연구 검토 40

제 3 장　지방행정 유사·중복기능 수행실태 및 문제점

제 1 절　조사설계 43
제 2 절　조사결과 44
1. 전체분석개요 44
2. 유형별 사례분석 61
가. 유　형 Ⅰ / 61
나. 유　형 Ⅱ / 68
다. 유　형 Ⅲ / 75
라. 유　형 Ⅳ / 79
3. 사례분석의 시사점 83
제 3 절　유사·중복기능의 문제점 85
1. 진단조정적 측면의 문제점 85
가. 기능중복에 대한 이해부족 / 85
나. 기능진단절차의 미비 / 87
다. 중복기능 해소를 위한 조정장치의 부재 / 87
라. 조정이후 사후조치 미흡 / 88
2. 행정비용적 측면의 문제점 90
가. 행정비용의 낭비 / 90

나. 지방행정의 업무과부하 / 93
다. 민원인 불편초래 / 94

제4장 지방행정 유사·중복기능 개선방안

제1절 기본방향 ···································· 97

제2절 유사·중복기능 개선방안 ···································· 99

1. 중복기능 진단체계의 마련 ···································· 99
가. 행정안전부의 진단환경 조성 / 99
나. 지방자치단체내 중복기능 진단의 제도화 / 100
2. 중복기능 조정장치의 구축 ···································· 102
가. 필 요 성 / 102
나. 설치방향 / 103
다. 설치방안 / 105
3. 조정결과 사후조치의 마련 ···································· 109
가. 조직통합의 매뉴얼 및 컨설팅 제공 / 109
나. 우수사례 인센티브 제공 / 110

제5장 요약 및 정책건의 / 113

부록 1. 특별지방행정기관의 기능조정방안 ···································· 119

부록 2. 관련법률 ···································· 147

참고문헌 ···································· 161

표 목 차

[표 1-1] 연구범위 ······ 14
[표 2-1] 지방자치단체의 자치사무실태 ······ 18
[표 2-2] 지방자치단체 관장기능의 대분류 ······ 20
[표 2-3] 유사·중복기능의 개념도출 ······ 24
[표 2-4] 지방자치관련법상 유사·중복개념의 사용(예) ······ 25
[표 2-5] 기능배분의 일반원칙 ······ 31
[표 2-6] 지방행정 유사·중복기능의 유형 ······ 36
[표 3-1] 유사·중복기능 현황 ······ 45
[표 3-2] 유형Ⅰ의 주요 쟁점 ······ 47
[표 3-3] 유형Ⅱ의 주요 쟁점 ······ 51
[표 3-4] 유형Ⅲ의 주요 쟁점 ······ 54
[표 3-5] 유형Ⅳ의 주요 쟁점 ······ 58
[표 3-6] 기반시설정비기능의 개요 ······ 62
[표 3-7] 정비기반시설 및 기반시설 대상사업 비교 ······ 65
[표 3-8] 노동조합설립 신고등록기능 개요 ······ 69
[표 3-9] 노동조합설립신고의 개정 ······ 74
[표 3-10] 민관협력기구 구축기능의 개요 ······ 76
[표 3-11] 지방공공도서관 주요기능 비교 ······ 81
[표 3-12] 유형별 조정사항 비교 ······ 84

[표 3-13] 지방농업기능의 유사·중복문제 조정과정 ·················· 88
[표 4-1] 조정기구의 설치방향 ·· 105
[표 4-2] 조정기구의 설치방안 ·· 106

그림목차

[그림 1-1] 전체 연구추진모형 15
[그림 2-1] 지방자치단체의 기능수행체계 22
[그림 2-2] 행정기능체계의 기본모형 23
[그림 2-3] 기능배분의 목적 29
[그림 2-4] 유형 Ⅰ(단일 지방기관 – 단일 중앙관여기관) 37
[그림 2-5] 유형 Ⅱ(복수 지방기관 – 단일 중앙관여기관) 38
[그림 2-6] 유형 Ⅲ(단일 지방기관 – 복수 중앙관여기관) 39
[그림 2-7] 유형 Ⅳ(복수 지방기관 – 복수 중앙관여기관) 40
[그림 3-1] 정비기반시설의 설치 프로세스 63
[그림 3-2] 기반시설의 설치 프로세스 64
[그림 3-3] 노동조합설립신고서 양식 70
[그림 3-4] 노동조합설립신고 절차 71
[그림 3-5] 노동조합설립신고 기관실태 72
[그림 3-6] 행정비용의 낭비 구조 91
[그림 3-7] 업무과부하 구조 94
[그림 3-8] 민원인의 불편양태 95
[그림 4-1] 유사·중복기능 개선의 기본방향 98
[그림 4-2] 지방이양추진절차 108
[그림 4-3] 지방행정 유사·중복기능 조정체계 112

제 1 장
서 론

제 1 절 연구목적

2008년 출범한 이명박 정부는 "작고 효율적인 정부"를 정부조직관리의 기본방향으로 설정하고, 다양한 부문에서 행정기능수행의 낭비적 요소를 찾아 개선해 나가고 있다. 이러한 노력은 여러 측면에서 찾아볼 수 있지만, 지방행정 기능수행과 관련하여 유사·중복기능수행 해소의 대표적인 예로는 현재 정비작업이 진행중인 특별지방행정기관의 기능재조정을 들 수 있다. 이명박 정부의 이와 같은 정부기능 재조정작업은 행정운영의 비용적 측면에서는 물론 민원편의적 측면에서도 보다 나은 서비스제공이 가능할 것이라는 기대를 얻고 있다.

그러나 이명박 정부의 이러한 정비작업에도 불구하고 종합행정으로 특징지어지는 지방자치단체의 행정수행에는 여전히 다수의 유사·중복적 성격의 업무가 존재하여, 지방행정운영의 효율성을 저해하는 요인이 되고 있는 실정이다. 특별지방행정기관과 같이 정책적 조사 및 정비작업을 하지 않는 경우 그 실태를 파악하기조차 어려운 것이 사실이기 때문이다.

이에 대한 해결방안의 하나로 행정안전부는 2008년 6월 말까지 현재 중앙부처에서 활용중인 기능분류모델(BRM : Business Reference Model) 시스템을 16개 시·도와 7개 시범 시·군·구에 구축하고, 중앙 및 지방자치단체의 모든 기능과 업무처리절차를 조회 가능하게 함으로써 기능운영 및 절차적 효율성을 확보하고자 하고 있다. 그러나 BRM의 지방자치단체 구축에도 불구하고, 실질적으로 어떠한 기능들이 어떠한 형태로 유사·중복성을 가지고 있으며, 어떠한 방향으로 조정이 필요한가에 대해서는 사전적 논의 및 방향제시가 주어지지 않을 경우 시스템의 적실성을 확보하기 어려운 측면이 존재하는 것 또한 사실이다.

따라서 본 연구는 지방자치단체에서 이루어지고 있는 기능을 대상으로 다양한 유형의 유사·중복적 측면을 찾아내고, 주요 사례를 중심으로 문제점을 분석함으로써, 지방행정에 있어서 유사·중복기능의 문제해결을 위한 제반 방안을 제안하는 데 목적을 두고 있다.

제 2 절 연구범위 및 방법

1. 연구범위

연구범위는 크게 대상적, 내용적, 시간적 범위로 나뉠 수 있는바, 첫째 대상적 범위로는 지방자치단체 중 기초지방자치단체의 수행기능을 대상으로 하며, 구체적인 분석은 기초자치단체 내부기능간의 문제뿐만 아니라, 기초자치단체의 기능과 유사·중복성을 가지는 여타 기관의 기능간 문제도 대상으로 한다. 기초자치단체를 중심적인 대상으로 하는 것은 우선 기능의 실질적 구현이 일선행정, 즉 기초자치단체의 현장에서 이루어지지 때문에 문제발견이 용이하다는 측면에서이다. 또한 본 연구의 경우 국가정책적으로 기 추진되고 있는 특별지방행정기관의 정비사항은 대상범위에서 제외하였는데, 이러한 점 역시 기초자치단체를 대상으로 유사·중복적 기능분석을 실시하는 이유이다.

둘째, 내용적 범위로는 전술한 바와 같이 유사·중복기능에 대한 실태분석을 통하여, 유사·중복기능의 유형화 및 유형별 특징분석, 유형별 문제해결방향의 마련 등을 내용으로 한다. 구체적으로 지방행정기능에서 유사·중복의 개념과 조정필요성, 그리고 지방자치단체 내에서 다양한 형태로 나타나는 유사·중복기능의 형태를 유형별로 분류하여 실태를 조사하고, 그 특징적 측면을 살펴본 뒤, 유사·중복기능 문제의 해소를 위한 제반 정책적 방안을 논의한다.

셋째, 시간적 범위는 기능간 유사·중복의 문제가 발생하고 있는 2008년도 현재 기준으로 분석하되, 유사·중복기능 해소를 위한 정책제안은 2009년도 시행을 기준으로 제시한다.

[표 1-1] 연구범위

구 분	주요내용
대상적 범위	- 기초자치단체 수행기능
내용적 범위	- 유사중복기능 수행실태 및 문제점 - 유사중복기능 주요사례분석 - 유사중복기능 해소방안 및 정책적 고려사항
시간적 범위	- 조사(2008년 현재 기준) - 정책제안(2009년 시행 기준)

2. 연구방법

연구방법은 크게 내용분석적 차원과 자료수집적 차원의 방법으로 나누어 볼 수 있다. 먼저 내용분석적 차원에서는 지방행정 유사·중복기능수행에 대한 전체 실태조사, 실태의 유형화 및 주요 유사·중복기능의 사례조사, 문제점의 도출 및 그에 대한 개선방안의 모색을 [그림 1-1]에서와 같은 연구틀에 의거하여 연구를 수행한다.

다음 자료수집적 차원에서는 문헌조사방법, 조사표조사방법 및 심층면담을 통한 질적조사방법을 병행하여 실시한다. 첫째, 문헌조사의 경우 지방행정기능에 대한 유사·중복 논의 및 실태조사 관련자료를 대상으로 한다. 둘째, 조사표조사의 경우는 사례대상 지방자치단체를 대상으로 구조화된 기능진단 조사표를 통하여 부서별(영역별) 기능중복사례를 조사한다. 셋째, 면담조사에서는 기능조사결과를 토대로 심층적으로 논의한, 필요한 중복사례에 대하여 관계자에 대한 면담조사를 실시하여 문헌조사 및 조사표조사의 한계를 보완하도록 하였다.

[그림 1-1] 전체 연구추진모형

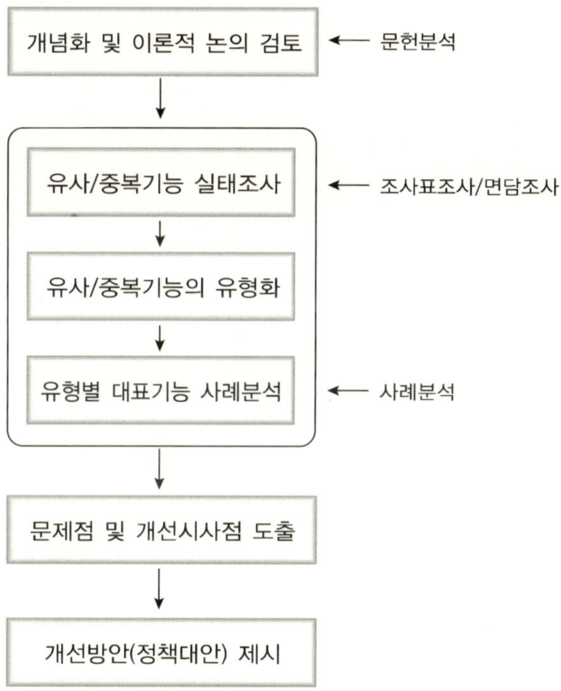

제 2 장

지방행정 유사·중복기능 조정에 대한 이론적 논의 및 선행연구

제 1 절 지방행정의 기능수행체계

1. 관장기능의 특성

지방자치단체는 중앙정부의 각 부처와 달리 다양한 기능이 포괄되어 있는 종합행정을 수행하고 있다. 중앙정부의 각 부처는 조직의 유지 및 발전과 관련된 일반적인 기능들을 제외한다면,[1) 원칙적으로 단일의 기능을 관장하는 조직체이다. 예를 들면, 국방부의 경우에는 국토방위에 관련된 기능을 수행하는 것이 원칙이고, 교육과학기술부는 인력육성에 관한 기능을 수행하는 것이 원칙이다. 이에 비하여 지방자치단체는 중앙정부의 각 부처가 관장

1) 일반적으로 모든 조직은 부여된 핵심기능 즉, 미션을 달성하기 위하여 계획기능, 유지관리기능 및 핵심사업기능을 수행한다.

하는 기능 중에 지방차원에서 추진될 필요성이 있는 다수의 기능들을 종합적으로 수행하고 있다.

「지방자치법」에 규정되어 있는 지방자치단체 특히, 기초자치단체가 수행하는 기능들을 살펴보면, 지방자치단체 기능의 종합적 특성을 보다 구체적으로 파악할 수 있다. 「동법」 제9조에 따르면, 지방자치단체는 조직유지관리기능, 주민복지에 관한 기능, 산업진흥에 관한 기능, 지역개발 및 환경보호에 관한 기능, 교육 · 체육 · 문화 · 예술에 관한 기능, 지역안전에 관한 기능 등과 같은 자치사무와 중앙정부가 위임한 각종의 국가사무를 동시에 수행하고 있다. 이는 결과적으로 지방자치단체의 경우 중앙정부의 각 부처와 달리 성질이 상이한 다수의 기능들을 종합적으로 수행하는 특성을 가지고 있다는 것이다.

[표 2-1] 지방자치단체의 자치사무실태

구 분	사무내용
지방자치단체의 구역, 조직 및 행정관리 등에 관한 사무	- 관할구역안 행정구역의 명칭 · 위치 및 구역의 조정 - 조례 · 규칙의 제정 · 개폐 및 그 운영 · 관리 - 산하 행정기관의 조직관리 - 산하 행정기관 및 단체의 지도 · 감독 - 소속공무원의 인사 · 후생복지 및 교육 - 지방세와 지방세외수입의 부과 및 징수 - 예산의 편성 · 집행 및 회계감사와 재산관리 - 행정장비관리, 행정전산화 및 행정관리개선 - 공유재산관리 - 호적 및 주민등록관리 - 지방자치단체가 필요로 하는 각종 조사 및 통계의 작성
주민의 복지증진에 관한 사무	- 주민복지에 관한 사업 - 사회복지시설의 설치 · 운영 및 관리

	- 생활곤궁자의 보호 및 지원 - 노인 · 아동 · 심신장애자 · 청소년 및 부녀의 보호와 복지증진 - 보건진료기관의 설치 · 운영 - 전염병 및 기타 질병의 예방과 방역 - 묘지 · 화장장 및 납골당의 운영 · 관리 - 공중접객업소의 위생개선을 위한 지도 - 청소, 오물의 수거 및 처리 - 지방공기업의 설치 및 운영
농림 · 상공업 등 산업진흥에 관한 사무	- 소유지 · 댐 등 농업용수시설의 설치 및 관리 - 농림 · 축 · 수산물의 생산 및 유통지원 - 농업자재의 관리 - 복합영농의 운영 · 지도 - 농외소득사업의 육성 · 지도 - 농가부업의 장려 - 공유림관리 - 소규모 축산개발 및 낙농진흥사업 - 가축전염병 예방 - 지역산업의 육성 · 지원 - 소비자보호 및 저축의 장려 - 중소기업의 육성 - 지역특화산업의 개발과 육성 · 지원 - 우수토산품 개발과 관광민예품개발
지역개발 및 주민의 생활환경시설의 설치 · 관리에 관한 사무	- 지역개발사업 - 지방 토목 · 건설사업의 시행 - 도시계획사업의 시행 - 지방도, 시군도의 신설 · 개수 및 유지 - 주거생활환경개선의 장려 및 지원 - 농촌주택개량 및 취락구조개선 - 자연보호활동 - 지방 1급하천, 지방 2급하천 및 소하천의 관리 - 상수도 · 하수도의 설치 및 관리 - 간이급수시설의 설치 및 관리 - 도립 · 군립 및 도시공원, 녹지 등 관광 · 휴양시설의 설치 및 관리 - 지방궤도사업의 경영

	- 주차장·교통표지 등 교통편의시설의 설치 및 관리 - 재해대책의 수립 및 집행 - 지역경제의 육성 및 지원
교육·체육·문화·예술의 진흥에 관한 사무	- 유아원·유치원·초등학교·중학교·고등학교 및 이에 준하는 각종 학교의 설치·운영·지도 - 도서관·운동장·광장·체육관·박물관·공연장 미술관·음악당 등 공공교육·체육·문화시설의 설치 및 관리 - 지방문화재의 지정·보존 및 관리 - 지방문화·예술의 진흥 - 지방문화·예술단체의 육성
지역민방위 및 소방에 관한 사무	- 지역 및 직장민방위조직(의용소방대를 포함한다)의 편성과 운영 및 지도·감독 - 화재예방 및 소방

전술한 바와 같은 자치사무 및 국가의 위임사무 등을 포함하여 지방자치단체의 전체 관장기능을 분류하면, 다음과 같다. 즉, 기획·홍보·조정기능과 지원기능, 보호기능, 경제기능, 도시계획기능 및 도시관리기능 등으로 구분할 수 있다.

[표 2-2] 지방자치단체 관장기능의 대분류

구 분	내 용
기획·홍보·조정기능	- 기획, 예산, 홍보, 공보, 감사, 조사 등
지원기능	- 내부지원(관리) : 조직, 인력, 재원, 시설, 정보 등 - 외부지원(관리) : 민원, 단체 등
보호기능	- 자연(환경), 생활(복지) 등
경제기능	- 제1차 산업(농·축·임·어업), 제2차 산업(기업), 제3차 산업(관광, 문화)
도시계획기능	- 주택, 도시, 녹지 등
도시관리기능	- 도로, 교통, 방재, 소방 등

2. 기능수행체계

지방자치단체가 전술한 바와 같은 관장기능들을 수행하기 위한 수행체계는 관장기능의 배분양식에 따라 크게 두 가지 측면으로 구분되고 있다. 하나는 수평적 측면에서의 배분방식이고, 다른 하나는 수직적 측면에서의 배분방식이다.

지방자치단체의 관장기능을 수평적 측면에서 배분하는 방식은 기능의 성질별 분류화이다. 앞에서도 언급하였지만, 지방자치단체는 매우 다양한 이질적인 기능들을 포괄하여 수행하는 종합행정의 특성을 보유하고 있다. 따라서 이처럼 이질적 기능들을 보다 효율적으로 처리하기 위한 접근방식의 하나로 활용하는 것이 바로 기능의 성질별 분류화이다. 지방자치단체별 기구설치 범위에 따라 다소의 제약이 따르고 있지만, 일반적으로 전체 관장기능을 수평적 측면에서는 기획·홍보·조정기능과 지원기능, 보호기능, 경제기능, 도시계획기능 및 도시관리기능 등으로 분리·배분하여 처리하고 있다. 이는 유사 또는 동질의 기능을 통합하여 처리함으로써 관리 또는 업무수행의 전문성 범위를 명확히 하고, 나아가 이로 인한 시너지 효과를 확보할 수 있기 때문이다.

다음으로 지방자치단체의 관장기능을 수직적 측면에서 배분하는 방식은 조직편성 원리의 하나인 통솔범위의 원칙을 적용한 계층화이다. 부여된 기능의 수행은 직접적 처리수단인 조직을 통해서 이루어진다. 따라서 성질별로 각각의 조직에 배분된 기능은 조직의 편성원리인 통솔범위의 원칙에 따라 난이도, 중요도, 책임도 등을 기준으로 계층별로 구분하여 배분된다. 이처럼 수직적 측

[그림 2-1] 지방자치단체의 기능수행체계

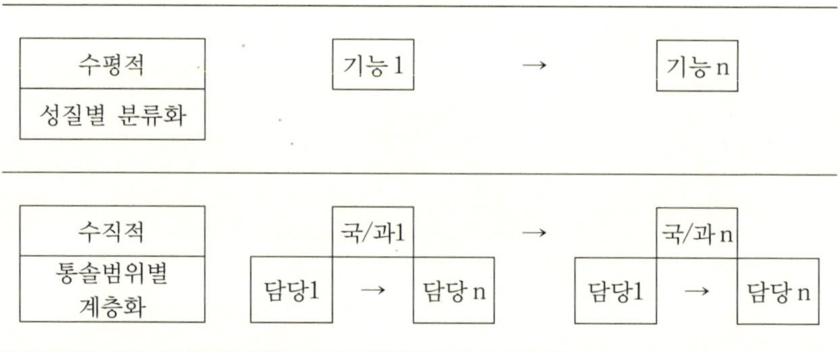

면에서 관장기능의 배분을 계층화하는 주된 이유는 한 사람의 상관이 부하를 관리할 수 있는 범위의 한계 때문이다. 이에 따라 특정의 기능을 수행하기 위해 설치된 해당기구는 보다 효율적인 기능수행을 위하여 국장(과장), 담당 및 직원의 계층화 구조로 설계되고, 각 계층별 적정기능이 배분된다.

이처럼 지방자치단체가 관장하는 기능수행체계는 기본적으로 수행 효율성에 기초하여 설계되는 것이 일반적이다. 다시 말하면, 관장기능의 수행에서 발생될 수 있는 중복현상이나 행정비용의 낭비 등을 제거함으로써 수행 효율성을 최적화하는 것에 초점이 있다. 특히, 지방자치단체의 현실적인 조직체계를 감안하여 관장기능의 수평적 수행체계를 살펴보면, 다음과 같다. 기획 및 조정기능은 본청, 직·사업소 및 하부행정기관인 읍면동 전체를 통할하기 위하여 독립적으로 배치되고, 사업집행기능은 본청의 각 기구에 그리고 대민집행기능은 하부행정기관인 읍면동에 각각 배치된다. 또한 특수사업기능과 연구개발기능은 직속기관 및 사업소

[그림 2-2] 행정기능체계의 기본모형

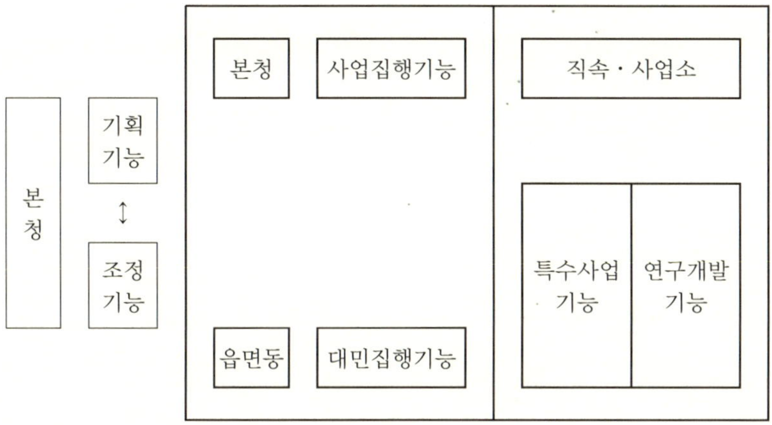

에 각각 배치된다.

제2절 유사·중복기능의 개념

지방자치단체 기능수행에 있어 유사·중복이란 용어가 광범위하게 사용되고 있지만, 이에 대한 개념을 일의적으로 규정하기에는 어려움이 있다. 이는 용어를 사용하는 학자는 물론 실무가들 사이에서도 '유사'나 '중복'의 수준 내지 정도에 대하여 다의적으로 사용되는 경우가 많기 때문이다. 먼저 이들 용어의 의미를 먼저 사전적으로 살펴보면, '유사'는 "서로 비슷함," 그리고 '중복'은 "거듭하거나 겹침"을 의미하는 것으로 되어 있는데, 실제 행정업

[표 2-3] 유사·중복기능의 개념도출

[1] 기능의 유사·중복성 검토

구 분		목 적	
		차 별	유 사
대 상	차 별	-	-
	유 사	-	유사목적/대상

↓

[2] 과정의 유사·중복성 검토

구 분		유사목적/대상
프로세스	단 일	-
	복 수	유사 · 중복기능

무에 있어 완전히 중복되는 기능을 전제하기는 어렵다는 측면에서 '유사'와 '중복'은 정도의 문제, 즉 '유사'는 낮은 수준의 '중복'으로 이해할 수 있을 것이다. 본 연구에서는 지방행정 기능수행에 있어 '유사 · 중복'의 개념을 "유사대상에 대한 유사한 목적을 위하여 둘 또는 그 이상의 기능수행주체에 의하여 업무가 행하여 지는 경우"를 의미하는 것으로 규정한다. 물론 이러한 개념규정 역시 일정부분 자의적 측면이 있는 것은 사실이지만, 아래와 같은 개념도출 모형을 통하여 개념설정에 있어서의 객관성을 확보하고자 한다.

한편 이러한 개념을 가지는 유사 · 중복의 용어는 지방자치관련 다수 법령에서 조정 내지 제거되어야 할 대표적 비효율사례로 제시되고 있다. 구체적으로 '지방자치단체의 행정기구와 정원기준 등에 관한 규정', '지방자치단체의 행정기구와 정원기준 등에

통합을 통한 조직, 인력, 시설 등의 중복배제, 동 통합을 통한 기능집중화와 예산절감, 조직진단을 통한 지방자치단체 내부기능재조정 등은 모두 유사·중복적 요소의 제거를 통하여 행정비용의 경감효과를 모색하고 있는 대표적인 사례들이다. 둘째 가외성(redundancy)은 기능과 조직의 중복적 배열을 통하여 조직활동의 안정성과 신뢰성을 확보하고자 하는 데 초점을 두고 있는 것으로 60년대 후반에서 80년대 사이 M. Landau, V. Neumann 등에 의하여 주장되었다(백완기, 1985: 144-152; 김문성, 2004: 433). 그러나 90년대 이후 행정개혁의 조류속에서 가외성의 논의는 힘을 잃게 되었다.

다음 사회학 분야의 경우 행정학이나 경영학 분야에서의 논의와는 다소 차이는 있지만 조직간의 유사성에 대한 경쟁효과가설과 동조효과가설의 논의에서 시사점을 얻을 수 있다(정동일, 2007). 첫째 경쟁효과가설은 자원의존이론과 조직생태학 등에 근거하는 것으로 구조적으로 또는 의존자원의 측면에서 유사한 조직들간에 나타나는 경쟁적 환경에 주목한다. 즉 유사성은 희소자원에 대한 경쟁을 유발·강화하여 개별 조직의 활동과 자율성의 폭을 제한하고, 결과적으로 조직의 생존가능성을 감소시킨다고 논의되어진다. 둘째 동조효과가설은 신제도주의논자들에 의하여 '다르지 않음' 혹은 동조가 주는 긍정적 효과에 주목하면서 동일한 환경에 처해 있는 조직들이 생존을 위해 유사한 구조와 관행을 갖게 된다는 주장으로 조직성과나 효율성보다는 생존가능성에 더 무게를 두고 논의되어진다. 이러한 논의를 통해 W. Scott(1995)은 일반적으로 경쟁효과가설은 자원의 제약성이 크게 작용하는 경제적 시장모델에 더 적절하며, 동조효과가설은 자원의 제약성이 약한 반면 규범적 제약성이 강한 비영리부문이나 공공부문에서 더 높은 설명력을 가진다고 주장한 바 있다. 그러나 현재의 공공부문은 기업과 마찬가지로 한정된 자원 속에서 무한경쟁의 장 속에 위치하고 있는 만큼, 오히려 경쟁효과적 측면의 영향을 받고 있으며, 기능 내지 조직측면의 유사·중복성 제거는 생존을 위한 필수요건이 되고 있는 실정이다.

2. 기능배분 논의와 유사중복기능의 문제

가. 기능배분의 목적

일반적으로 행정계층간 특히, 중앙정부와 지방자치단체간 그리고 지방자치단체 상호간의 기능배분은 다음과 같은 두 가지 측면에서의 목적을 달성하기 위하여 이루어진다(김재훈, 1998: 29).

첫째는 민주성의 제고이다. 기능배분은 행정서비스를 제공받는 지역주민들의 의사에 따라 행정이 이루어짐으로써 행정의 민주성을 제고하는 데 기여한다. 행정서비스의 공급주체가 주민에게 가까이 위치할수록 주민에 의한 통제가 용이하고, 따라서 행정서비스의 제공과정에서 주민의 의사가 반영되기 쉽다. 또한 지역주민의 활발한 행정참여가 촉진될 것이기 때문에 지역주민의 민주정치의 훈련에도 크게 도움이 된다. 따라서 행정기능은 중앙정부에 의하여 수행되기보다는 지방자치단체가 수행하는 것이 바람직하며, 그것도 가능한 주민에게 가까운 수준의 정부가 수행하는

[그림 2-3] 기능배분의 목적

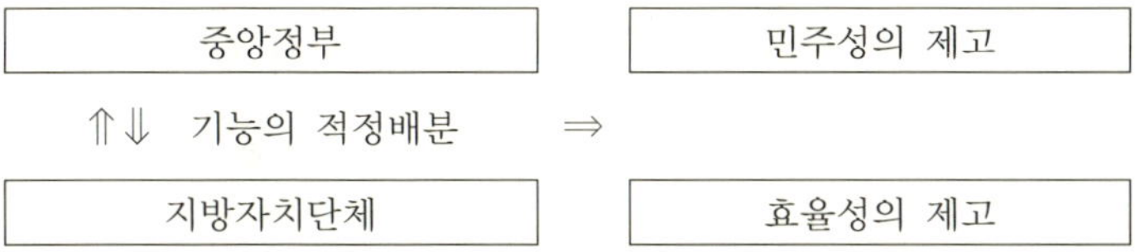

것이 바람직하다.

둘째는 효율성의 제고이다. 기능배분은 더 적은 비용으로 더 많은 행정서비스를 국민에게 제공하기 위한 효과적인 방법이다. 중앙정부는 모든 지역 혹은 대부분의 지역에 적합한 정책을 수립하고 집행하고자 한다. 그러나 많은 부분에 있어서 각 지역의 특성을 고려함으로써 보다 적절한 정책이 결정되고 집행될 수 있다. 따라서 이러한 경우 지역의 특성을 가장 잘 알 수 있는 지방자치단체가 서비스공급의 결정 및 집행 주체가 되는 것이 행정의 효율성을 제고할 수 있는 방법이다. 지방자치단체에 기능을 이양함으로써 지방공무원들의 정책개발 능력을 높일 수 있으며, 이들에 의하여 지역단위의 혁신적인 정책이 시도되고 확산될 수 있다는 점도 행정의 효율성을 높이는 요인이 될 수 있다. 또한 현재 중앙정부와 지방자치단체가 유사한 기능들을 지역에서 수행하고 있는데, 이들을 모두 지방자치단체로 하여금 수행하게 한다면, 행정비용이 크게 절감될 수 있다.

나. 기능배분의 일반원칙

중앙정부와 지방자치단체 그리고 지방자치단체 상호간의 기능배분은 국가에 따라 다양한 원칙에 의거 이루어지고 있다. 우리나라의 경우 세 가지의 법률적 근거에 의해 기능배분의 원칙이 명시화되어 있다.

「지방자치법」 제10조 제3항에 따르면, 불경합의 원칙과 기초자치단체 우선의 원칙이 제시되고 있다(김영수, 1995: 25-26). 첫째, 불경합의 원칙으로 시·도와 시·군·자치구는 그 사무를 처리함에 있어서 서로 경합하지 않아야 한다는 것이 그것이다. 이는 사무의 귀속과 권한, 책임의 소재 등을 명확히 하고, 이중행정 및 중복행정을 회피하기 위한 것이다. 이러한 불경합성의 원칙에 따라 시·도와 시·군·자치구가 공동으로 관할권을 가지는 소위 공동사무를 인정하지 않고 있다. 다만, 이 원칙은 구체적인 개별사무가 경합적으로 귀속될 수 없다는 것을 의미하므로 동일한 성질의 사무라 하더라도 개별적·구체적으로 동일한 경우가 아니면, 시·도와 시·군·자치구에 동시에 귀속될 수 있다는 사실이다(이기우, 1991: 93). 둘째, 기초자치단체 우선의 원칙으로 사무가 서로 경합하는 경우에는 시·군·자치구에서 우선적으로 처리한다는 것이 그것이다. 이 원칙에 따라 주민의 복리에 관한 모든 사무는 원칙적으로 기초자치단체인 시·군·자치구가 우선 처리한다. 지방행정을 위한 기본적인 사무는 먼저 시·군·자치구에 할당되어야 하고, 시·군·자치구가 처리하는 것이 합리적이지 못한 것은 광역자치단체인 시·도가 관장케 하며, 지방자치단체에서 수행하는 것이 효과적이지 못한 사무만을 중앙정부가 담당토록 하는 것이다.

「중앙행정권한의지방이양촉진등에관한법률」에 규정된 기능

배분의 원칙은 다음과 같다. 지방자치법 제9조 제2항의 각 호에 예시된 사무를 지방자치단체에서 가능한 독자적으로 처리하도록 할 것(자율보장의 원칙), 지방자치단체의 여건 및 능력을 고려하고 지방자치단체의 의사를 존중할 것(행정능률의 원칙), 지방자치단체가 이양 받은 사무를 자주적인 책임과 결정 아래 처리할 수 있도록 이양되는 사무와 관련되는 일체의 사무를 가능한 동시에 이양할 것(관련사무의 일괄이양 원칙, 총체적 이양원칙, 또는 행정책임 명확화의 원칙), 「지방자치법」 제10조에 규정된 지방자치단체간 사무배분의 기준을 준수할 것(사무배분기준 준수 원칙), 주민의 복리 및 생활편의와 직접 관련된 권한 내지 사무는 시·군·자치구에 우선적으로 이양할 것(기초자치단체 우선의 원칙), 시·군·자치구가 처리하는 사무 중 시·군·자치구의 전문적·기술적 능력을

[표 2-5] 기능배분의 일반원칙

구 분	원 칙
지방자치법	- 불경합의 원칙 - 기초자치단체 우선의 원칙
중앙행정권한의지방이양촉진등에관한법률	- 자율보장의 원칙 - 행정능률의 원칙 - 포괄성의 원칙 - 사무배분기준준수 원칙 - 기초자치단체 우선의 원칙 - 보충성의 원칙
지방분권촉진에관한특별법	- 중복배분 배제의 원칙 - 보충성의 원칙 - 포괄성의 원칙 - 민간의 행정참여 확대원칙

초월하거나 「지방자치법」 제10조 제1항 제1호 각 목에 규정된 사무 등 그 업무의 성격상 시·도에서 처리함이 합리적인 사무는 시·도로 이양할 것(보충성의 원칙) 등이 그것이다.

또한 「지방분권촉진에관한특별법」에서는 다음과 같은 기능배분 원칙을 제시하고 있다. 첫째, 국가와 지방자치단체간, 지방자치단체 상호간 사무의 중복배분 배제원칙이다. 이는 행정을 종합적·자율적으로 수행할 수 있도록 주민의 편익증진, 집행의 효과 등을 고려해야 한다는 원칙이다. 둘째, 보충성의 원칙이다. 이는 지역주민생활과 밀접한 관련이 있는 사무는 원칙적으로 시·군·자치구로, 시·군·자치구가 처리하기 어려운 사무는 특별시·광역시·도로, 특별시·광역시·도가 처리하기 어려운 사무는 국가사무로 이양해야 한다는 원칙이다. 셋째, 포괄성의 원칙이다. 기능이양을 위한 사무배분은 사무를 배분 또는 재배분 받는 지방자치단체가 그 사무를 자기의 책임 하에 종합적으로 처리할 수 있도록 관련사무를 포괄적으로 이양해야 한다는 원칙이다. 넷째, 민간의 행정참여 기회의 확대 원칙이다. 이는 사무를 배분하는 경우 민간부문의 자율성을 존중하여 국가 또는 지방자치단체의 관여를 최소화하고, 민간의 행정참여 기회를 확대해야 한다는 것을 의미한다.

다. 기능배분과 유사·중복의 논점

전술한 바와 같이 기능배분은 원칙적으로 정부의 행정계층간 기능배분에 초점을 두고 있다. 이는 정부란 일반적으로 중앙정부와 지방정부로 분리 구성되어 있고, 한 나라의 기능 또는 사무란

앞의 정부들에 의해서 각각 분담되어 수행되기 때문이다. 다시 말하면, 한 나라의 행정사무를 처리함에 있어서 중앙정부와 지방정부는 권력과 권한을 각기 분담하는 동시에 상호 긴밀한 협조체제를 구축함으로써 전체 사무처리의 효율성을 확보하는 것이다(김영수, 1994: 25). 이에 따라 기능배분은 주로 중앙정부와 지방자치단체간 그리고 지방자치단체 상호간 등 행정계층을 대상으로 논의되어 왔다.

그럼에도 불구하고, 기존의 기능배분에 관한 논의에서 유사중복의 문제는 매우 비중 있게 다루어져 왔다. 전술한 바와 같이 기능배분의 원칙을 규정한 각각의 법률에서도 기능의 중복배분을 배제하기 위한 내용들을 제시하고 있다. 「지방자치법」에서는 "불경합의 원칙"을, 「지방분권특별법」에서는 "중복배분 배제의 원칙"을 그리고 「중앙행정권한의지방이양촉진등에관한법률」에서는 "사무배분기준의 원칙"에 중복배분 배제의 취지를 담고 있다. 여기에서의 기능배분 중복배제는 기본적으로 유사 또는 동일한 성질의 기능을 1개 이상의 행정계층 단위에 배분하지 못하도록 하는 것을 말한다. 유사 또는 동일한 성질의 사무를 중앙정부와 지방자치단체 또는 광역자치단체와 기초자치단체에 동시에 배분하고, 그에 따라 사무를 처리할 경우 행정의 비효율성뿐만 아니라 책임소재의 명확성이 확보되지 못한다. 이와 같은 "불경합의 원칙" 또는 "중복배분 배제의 원칙"은 "포괄성의 원칙"과도 상당한 관련성을 갖고 있다. "포괄성의 원칙"이 의도하는 바는 유사한 기능 또는 사무의 일체를 특정기관에 배분함으로써 기능 또는 사무처리에 있어서의 자기 결정과 책임의 경계를 분명히 하고자 하는 것에 있다. 이는 결국, 기능의 중복배분에서 발생되는 책임소재의 불명확화를 "포괄성의 원칙"에서 재차 강조하는 것으로 해석할 수 있다. 다만, 기능배분에서 "불경합의 원칙"이 적용될 만한 사항이 발생되면, 원칙적으로 차하위 행정계층에 배분하는 것이 타당함을 밝히고 있다.

이처럼 기능배분에서는 행정계층 단위간에 유사 또는 동일한 성질의 기능이 중복적으로 배분되는 것을 회피 또는 배제하는 원칙이 적용되고 있다. 그리고 이러한 중복배제의 원칙은 두 가지의 가치를 확보하기 위함이다. 그 하나는 유사 또는 동일한 성질의 기능이 1개 이상의 행정단위에 의해 중복적으로 처리됨에 따라 발생하는 행정비용의 낭비 등 비효율성을 사전에 제거하자는 것이다. 다른 하나는 단일의 행정단위에 관련기능이 포괄적으로 배분됨으로써 전권성을 확보하고, 나아가 책임의 소재가 명확해지도록 하기 위함이다. 결국, 기능배분에서 "불경합의 원칙"을 적용하여 확보할 수 있는 효과는 행정계층 단위뿐만 아니라 동일조직 내에서도 마찬가지로 나타난다. 동일조직 내에서 "불경합의 원칙"이 관철되지 않았을 경우 역시 행정의 비효율성이나 책임소재의 불명확 등의 문제가 발생되는 까닭이다. 따라서 대상을 막론하고 기능배분의 중복현상을 회피하고자 하는 것은 효율성의 관점에서 출발하는 것으로 간주된다.

제 4 절 유사·중복기능의 유형과 특징

1. 유형화 기본모형

지방자치단체에서 발견할 수 있는 유사·중복의 유형은 매우 다양하게 나타날 수 있겠지만, 크게 개별 지방자치단체 내부에 한정된 유사·중복의 문제와 중앙정부와 연계성을 가지는 유사·중복의 문제로 대별할 수 있다. 그러나 전자의 경우 사안이 크지 않고, 지방자치단체별로 문제의 발현유무가 상이하고, 단체장의 의지에 의하여 쉽게 조정가능하다는 점에서 앞서 본 연구의 대상에서는 제외하였기 때문에, 여기서는 후자만을 대상으로 유형화를 한다.

유사·중복기능수행의 유형화는 지방적 단위에서의 관여기관 여부와 중앙적 단위에서의 관여기관 여부에 따라 4가지 유형으로 나누어 볼 수 있다. 여기서 지방단위 관여기관의 단일, 복수는 해당 행정기능이 지방자치단체라는 단일기관 내에서 수행되어지는 것인가, 아니면 지방자치단체와 그 지역내 여타의 공공기관이 복수로 기능을 수행하는가 하는 것이다. 여기서 단일의 의미는 지방관여기관이 지방자치단체 하나라는 것이며, 그 안에서 다시 복수의 부서에 의하여 기능이 유사·중복적으로 수행되는 것은 별개의 문제이다.

다음 중앙단위 관여기관의 단일, 복수는 지방행정에서 수행되는 유사·중복기능이 단일의 중앙부처와 연계성을 가지는가,

[표 2-6] 지방행정 유사·중복기능의 유형

구 분		지방단위 관여기관	
		단 일	복 수
중앙단위 관여기관	단 일	유형Ⅰ	유형Ⅱ
	복 수	유형Ⅲ	유형Ⅳ

아니면 복수의 중앙부처와 연계된 것인가의 문제이다. 단, 관여하는 중앙부처가 외청, 산하기관의 관계인 경우 업무상 지휘체계를 고려하여 단일의 중앙관여형태로 본다. 이와 같이 지방적 단위에서의 관여형태와 중앙적 단위에서의 관여형태를 기준으로 유형화할 경우 [표 2-6]에서 보는 바와 같이 네 가지 유형, 즉 유형Ⅰ(단일 지방기관 - 단일 중앙관여기관), 유형Ⅱ(복수 지방기관 - 단일 중앙관여기관), 유형Ⅲ(단일 지방기관 - 복수 중앙관여기관), 유형Ⅳ(복수 지방기관 - 복수 중앙관여기관)로 나눌 수 있다.

2. 유형별 특징

첫째, 유형Ⅰ(단일 지방기관 - 단일 중앙관여기관)은 유사·중복기능이 지방자치단체 내에 존재하고, 해당 기능에 관여하는 중앙부처가 단일한 경우이다. [그림 2-4]에서 보는 바와 같이 단일의 중앙정부기관에 의하여 업무관련 지침이 지방자치단체로 전달되고, 지방자치단체 내에서는 상이한 복수의 프로세스(부서)를 통해 유사대상에 대한 유사목적의 업무가 수행되는 특징이 있다. 이러한 유형의 사례로는 여러 가지를 들 수 있지만, 지방자치단체 내

[그림 2-4] 유형Ⅰ(단일 지방기관 - 단일 중앙관여기관)

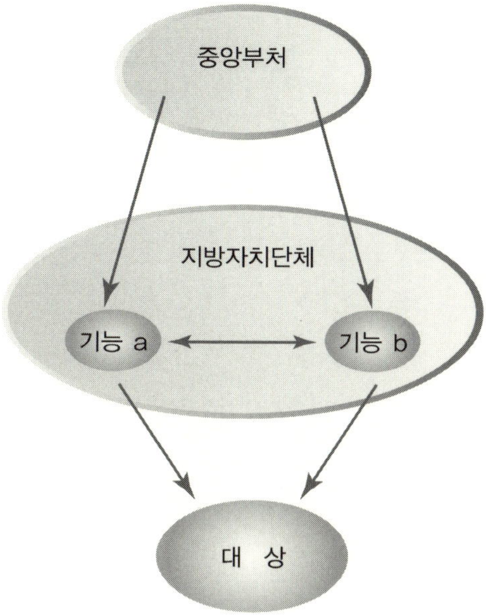

에서 특히 대표적인 예가 농정기능과 농업지도기능(농업기술센터 기능)간 유사·중복 사례이다. 개별 사례분석에서 보다 구체적으로 분석하겠지만, 양 기능이 농민들을 대상으로 유사·중복적 기능을 수행함에도 불구하고 현재 상당수 지방자치단체에서 양 기능이 분리수행되고 있어 예산 및 인력운영의 비효율성을 노정하고 있는 실정이다.

둘째, 유형Ⅱ(복수 지방기관 - 단일 중앙관여기관)는 유사·중복 기능이 지방자치단체와 함께 그 지역 내 여타의 공공기관에 함께 존재하면서, 해당 기능에 관여하는 중앙부처는 단일한 경우이다. [그림 2-5]에서 보는 바와 같이 단일의 중앙정부기관에 의하여 업

[그림 2-5] 유형Ⅱ(복수 지방기관 - 단일 중앙관여기관)

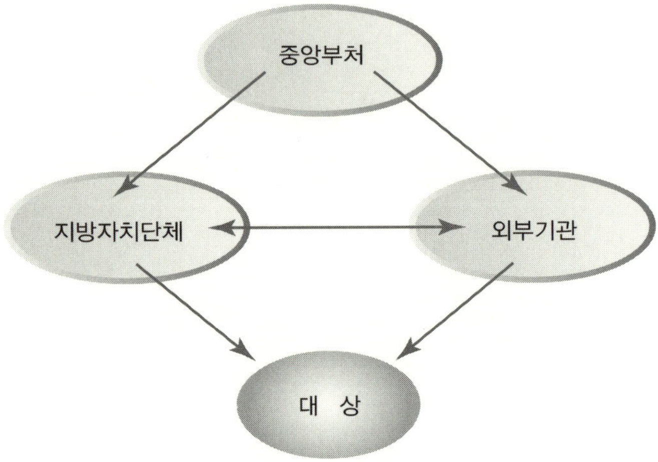

무관련 지침이 지방자치단체와 해당 지역내 여타 공공기관으로 전달되어, 이들 양 지방단위 기관을 통해 유사대상에 대한 유사목적의 업무가 수행되는 것이 특징이다. 이러한 유형의 사례로는 지방자치단체와 특별지방행정기관의 관계가 대표적인 사례이다.

셋째, 유형Ⅲ(단일 지방기관 - 복수 중앙관여기관)은 유사·중복기능이 지방자치단체 내에 존재하고, 해당 기능에 관여하는 중앙부처가 복수인 경우이다. [그림 2-6]에서 보는 바와 같이 복수의 중앙정부기관에 의하여 유사한 목적의 업무관련 지침이 지방자치단체로 전달되고, 지방자치단체 내에서는 상이한 복수의 프로세스(부서)를 통해 유사대상에 대한 유사목적의 업무가 수행되는 구조이다. 이러한 유형의 사례로는 여러 가지가 있겠지만, 지방자치단체 내에서 특히 대표적인 예가 행정안전부의 민관협의체 업무

[그림 2-6] 유형Ⅲ(단일 지방기관 - 복수 중앙관여기관)

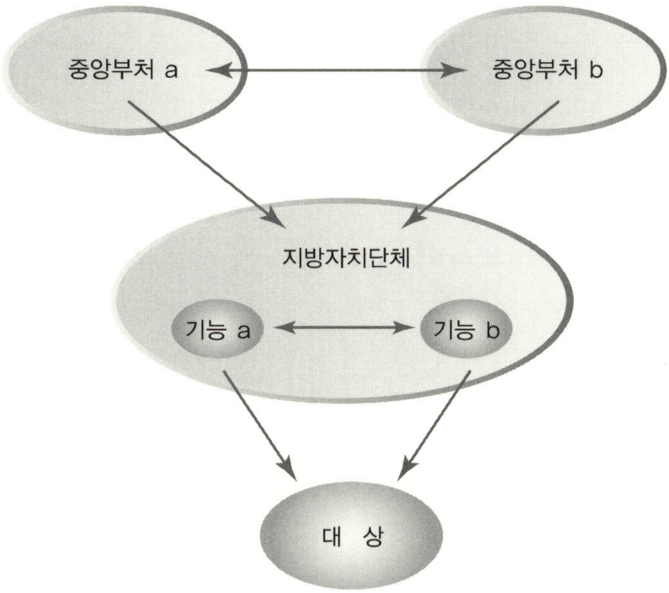

와 보건복지가족부의 지역사회복지협의체 업무의 이중적 지시에 의한 기능중복 사례이다. 이 사례의 경우 2008년 7월 현재 행정안전부와 보건복지가족부가 상호조정을 통하여 공동지침을 작성하여 시달하는 조정노력을 보여 주고 있다.

넷째, 유형Ⅳ(복수 지방기관 - 복수 중앙관여기관)는 유사·중복기능이 지방자치단체와 함께 그 지역 내 여타의 공공기관에 함께 존재하면서, 해당 기능에 관여하는 중앙부처가 각각 별개로 존재하는 경우이다. [그림 2-7]에서 보는 바와 같이 복수의 중앙정부기관에 의하여 유사한 목적의 업무관련 지침이 각각 관여하는

[그림 2-7] 유형Ⅳ(복수 지방기관 – 복수 중앙관여기관)

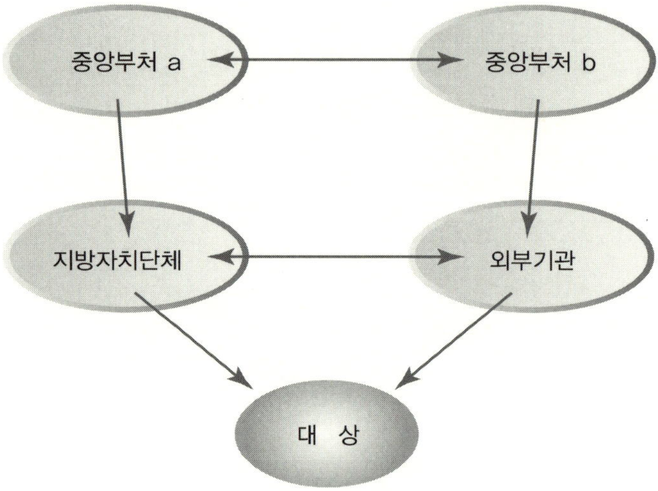

지방자치단체와 여타 공공기관으로 전달되고, 이들 양 지방단위 기관을 통해 유사대상에 대한 유사목적의 업무가 수행되는 것이 특징이다. 이러한 유형의 대표적인 사례로는 지방자치단체와 지방교육청에 의하여 수행되는 지방도서관업무의 중복사례를 들 수 있다.

제5절 유사·중복기능 선행연구 검토

지방행정기능에 대한 유사·중복적 측면에 대한 선행연구는 앞서 이론적 논의에서 살펴본 바와 같이 효율성 논의에 의한 것과

기능배분 논의에 의한 것으로 나누어 살펴볼 수 있다.

먼저 효율성 논의와 관련한 선행연구로는 대부분 특별지방행정기관과 지방자치단체간 기능조정에 대한 논의이며, 여타의 중복기능적 측면에 대해서는 사실상 논의가 거의 없는 실정이다. 특별지방행정기관과 지방자치단체간 기능중복의 경우 앞서 유형논의의 유형Ⅱ(복수 지방기관 – 단일 중앙관여기관)에 해당하는 것으로 특별지방행정기관과 지방자치단체와의 관계정립에 관한 금창호·김상미의 연구(1996), 특별지방행정기관의 기능조정을 거버넌스모형에 의하여 분석한 김성배의 연구(2006), 대표적 특별지방행정기관의 정비방향을 제시하고 있는 이승종(2004), 유영철(2004), 소진광(2007) 등의 연구가 있다. 그러나 이들 연구는 앞서 지적한 바와 같이 유형Ⅱ에 해당하는 것이며, 여타의 유형에 대해서는 실제적인 선행연구가 전무한 실정이다.

한편 기능배분 논의와 관련한 선행연구로는 김성호·홍준현·김재훈·안영훈(2004)의 논의가 대표적인데, 여기서는 공통적 배분사무를 대상으로 광역자치단체와 기초자치단체의 중복사무 실태를 제시하고 있다. 구체적으로 기능배분에 의한 유사·중복 논의는 사무의 유형과 법령상 배분에 근거, 특히 위임 및 재위임의 문제, 중복위임 등에 대한 법령상의 조문분석을 통하여 판단하는 것으로 지방단위에서의 일선공무원들이 실제 유사·중복업무라고 느끼는 것과는 다소 괴리가 있을 수 있다. 이들의 연구내용을 보면 광역자치단체(전라북도)를 중심으로 조사하면서 242개의 사무가 중복성을 가진다고 제시하고 있다(국가·시도·시군구 공동사무 57, 시도·시군구 공동수행사무 79, 시도·시군구 자치사무중 중복사무 104, 국가위임사무중 중복사무 2). 그러나 이들 사무의 경우 대다수가 위임처리되고 있어 법령상 명시된 배분기준외 효율성 차원에서 중복이라고 할 수 있는가에는 논의의 소지가 있다. 다시 말해 동일한 목적을 가지고 동일한 정책대상에 대하여 업무수행이 이루어지는 경우가 아니라, 광역-기초자치단체의 자치계층시스템이 가지는 조건상 위임적 업무처리 내지 조정관리적 역할까지 중복적 기능이라고 볼 것인가에 대해서는 재론이 필요하다는 것이다. 이러한 점에서 실제 지방자치단체에서 근무하는 공무원들을 대상으로 유사·중복기능수행의 문제를 탐색하고 개선프로그램을 마련하고자 하는 점에서 본 연구는 기존의 선행연구 등과 차별성을 가진다고 할 수 있다.

제3장

지방행정 유사·중복기능 수행실태 및 문제점

제 1 절 조사설계

지방행정 유사·중복기능의 실태를 분석하기 위한 과정은 크게 두 부분으로 나뉘어지는바, 첫째는 실태파악을 위한 조사과정이고, 둘째는 조사된 개별 사례 가운데 유형별 1 사례씩을 선정하여 탐색하는 사례의 분석과정이 그것이다.

첫째, 실태조사를 위한 조사설계는 조사대상지역, 조사대상내용, 조사방법 등으로 구성되는바, 먼저 조사대상 지방자치단체는 시·군 각 1개 지역(경북 안동시, 예천군)을 대상으로 하였다. 조사대상 지역의 경우 법적 유형이나 조사지역수에 있어 추가적 조사가 필요하다는 논의가 제기될 수 있겠지만, 지방자치단체의 수행기능이 법적 유형 등에 관계없이 전체 지방자치단체에 공통적으로 적용된다는 점에서 2개 지방자치단체로 한정하였다. 다음 조사대상내용으로는 지방자치단체가 수행하는 전체기능을 대상으로 하였고, 마지막으로 조사방법은 구조화된 기능진단 조사표를 배부하여, 해당 지방자치단체의 부서별 팀장(계장급) 전체가 해당 부서의 수행기능 중 유사·중복업무를 기재하도록 하였다. 그리고 조사는 2008년 6월중 실시되었다.

둘째, 사례분석을 위한 조사설계 역시 분석대상, 분석내용, 분석방법 등으로 구성되는바, 먼저 분석대상은 앞서 실태조사를 통해 조사된 유사·중복기능 가운데 유형별 1사례를 선정하였다. 선정기준은 기능의 유사·중복문제로 인하여 조정필요성이 이미 제기되었거나, 조정노력이 시도된 기능을 우선 선정하였는데, 이는 과정에 대한 분석을 통하여 유사·중복기능수행의 개선방안을 찾기 위한 시사점을 얻을 수 있다는 이점이 있기 때문이다. 다음 분석내용에서는 사례기능의 개요, 중앙 및 지방적 단위의 관여형태, 유사·중복의 형태 및 문제점, 향후 개선방향제안, 현재까지의 조정노력 등을 분석한다. 마지막으로 분석방법은 해당 기능에 대한 공무원 면담 및 관련자료분석, 전문가워크샵 등을 실시하였다.

제 2 절 조사결과

1. 전체분석개요

조사표조사 결과 기초생활수급자 관련기능을 포함하여 25개 유사·중복기능이 조사되었는데, 유형 I 이 기초생활수급자 관련

기능 포함 7개 기능, 유형Ⅱ가 휴양림운영기능 포함 6개 기능, 유형Ⅲ이 민관협력조직구성 관련기능 포함 6개 기능, 유형Ⅳ가 공공도서관기능 포함 5개 기능이다. 이들 조사기능들은 [표 3-1]에서 보는 바와 같이 각 유형별로 중앙 및 지방적 단위의 기관관여 형태에 따라서 특징적인 차이를 보여 주고 있다.

[표 3-1] 유사·중복기능 현황

구 분	기 능 명	지방관여			중앙관여	
		지방1 (지방자치단체)		지방2 (기타기관)	중앙1	중앙2
유형Ⅰ	기초생활수급자 관련기능	사회 복지과	주민생활 지원과		보건복지 가족부	
	지방농정기능	농정과	농업기술 센터		농림수산 식품부	
	가축방역기능	농정과	농업기술 슬센터		농림수산 식품부	
	도시주거환경 개선기능	건축과	도시 계획과		국토 해양부	
	주차장관리기능	교통과	건축과		국토 해양부	
	농촌정비기능	농정과	지역 개발과		농림수산 식품부	
	청소년유해환경 단속기능	체육 청소년과	보건소		보건복지 가족부	
유형Ⅱ	휴양림운영기능	산림과		광역자치 단체	산림청	
	농산물원산지 표시기능	농정과		농산물품 질관리원	농림수산 식품부	
	부정축산물 단속기능	농정과		농산물품 질관리원	농림수산 식품부	
	농산물생산 이력기능	농정과		농산물품 질관리원	농림수산 식품부	

	노동조합신고 등록기능	지역 경제과		지방 노동청	노동부	
	직업소개부조리 신고단속기능	지역 경제과		지방 노동청	노동부	
유형Ⅲ	민관협력조직 관련기능	사회 복지과	주민생활 지원과		보건복지 가족부	행정 안전부
	음식점원산지 표시기능	농정과	보건소		농림수산 식품부	보건복지 가족부
	전세자금지원 기능	건축과	주민생활 지원과		국토 해양부	보건복지 가족부
	식품제조가공업 관련기능	농정과	보건소		농림수산 식품부	보건복지 가족부
	농촌물관리기능	건설과 (농정과)	환경 보호과		농림수산 식품부	환경부
	지역관광기능	농정과	관광과		농림수산 식품부	문화체육 관광부
유형Ⅳ	공공도서관기능	문화 예술과		지방 교육청	행정 안전부	교육 과학부
	소득세신고 부과기능	세정과		지방 세무서	행정 안전부	국세청
	학교지원기능	총무과		지방 교육청	행정 안전부	교육 과학부
	수리시설물사업 기관변경기능	농정과		한국 농촌공사	농림수산 식품부	한국 농촌공사
	주정차단속기능	교통과		경찰서	국토 해양부	경찰청

각 유형별로 보다 구체적인 논의내역을 살펴보면 첫째, 유형Ⅰ의 경우 기초생활수급자 관련기능, 지방농정기능, 가축방역기능, 도시주거환경개선기능, 주차장관리기능, 농촌정비기능, 청소년유해환경단속기능 등이 포함된다. 유형Ⅰ은 각각의 예에서 보는 바와 같이 동일한 중앙부처의 업무수행지침을 받지만, 지방자치단체 내에 이를 수행하는 프로세스가 복수로 구성되어 조정필요

성이 제기되는 경우이다. 예컨대 도시주거환경개선사업의 경우 지방자치단체 내 건축과에서 도시주거환경개선사업을, 그리고 도시계획과에서 도시계획도로 개설업무를 수행하고 있는데, '도시및주거환경정비법'의 주거환경개선사업은 사실상 도시계획도로 개설업무로서 업무내용의 중복이 발생하고 있다는 것이다.

[표 3-2] 유형Ⅰ의 주요 쟁점

○ 도시주거환경 개선기능

수행기능명	도시주거환경개선사업	도시계획도로 개설
지방수행기관 (부서)	건축과	도시계획과
중앙관여기관	국토해양부	국토해양부
근거법령	도시및주거환경정비법	국토의계획및이용에관한 법률
유사·중복사항	- 도시및주거환경정비법의 주거환경개선사업은 사실상 도시계획도로 개설업무로서 업무내용상 중복	

○ 기초생활수급자 관련기능

수행기능명	기초생활보장 수급자 관리	기초생활보장 수급자 선정
지방수행기관 (부서)	사회복지과	주민생활지원과
중앙관여기관	보건복지가족부	보건복지가족부
근거법령	국민기초생활보장법 제21조	국민기초생활보장법 제29조

유사·중복사항	- 기초자치단체마다 사회복지과와 유사한 성격을 가지는 주민생활지원과가 의무적으로 만들어지면서, 사회복지 관련기능이 일원적으로 관리되지 못하고 양 부서에 나누어져 중복수행되는 경우가 다수 발생 - 동일한 법령에 의한 기초생활보장 수급자 업무임에도 불구하고 복지관련 조사와 집행기능을 무리하게 구분(주민생활과의 담당단위 구성을 위하여), 동일 내지 연계적 업무가 상이한 부서에서 수행되는 문제점 발생

○ 지방농정기능

수행기능명	농정 및 농사에 관한 업무	농가지원 및 농업관련 교육
지방수행기관(부서)	농정과	농업기술센터
중앙관여기관	농림수산식품부	농림수산식품부(농촌진흥청)
근거법령	농림사업시행지침	농촌진흥법, 농림사업시행지침
유사·중복사항	- 농업경영인 관리, 농업인 및 농업인단체 지원 및 보조사업, 각종 소득증대 사업 지원 및 농가지도 등이 농정부서와 농업기술센터에서 중복 시행 - 개별 사업의 경우 시범사업과 지원사업 형태로 유사·중복 수행되는 경우도 다수 존재	

○ 가축방역기능

수행기능명	가축방역지도	가축방역지도
지방수행기관(부서)	농정과	농업기술센터
중앙관여기관	농림수산식품부	농림수산식품부(농촌진흥청)

근거법령	가축전염병예방법	가축전염병예방법
유사·중복사항	- 가축방역과 관련된 계획 및 홍보, 지도업무가 자치단체내 농정부서와 농업기술센터에서 중복 수행	

○ 주차장관리기능

수행기능명	주차장관리	건축물 부설주차장 관리
지방수행기관 (부서)	교통과	건축과
중앙관여기관	국토해양부	국토해양부
근거법령	주차장법	건축법
유사·중복사항	- 주차장관리업무중 건축물 부설주차장이 교통부서(기계식)와 건축부서(일반식)로 이원화 수행	

○ 농촌정비기능

수행기능명	농촌환경정비사업	농촌활력증진사업 (신활력사업)
지방수행기관 (부서)	농정과	지역개발과
중앙관여기관	농림수산식품부	농림수산식품부 한국농촌공사
근거법령	농어촌정비법	국가균형발전특별법
유사·중복사항	- 농촌환경정비 및 주민소득증대를 통한 삶의 질 향상 - 중복 및 유사업무가 많고, 그렇지 않은 경우에도 연계적 차원에서 수행되어야 하기 때문에 통합필요성 제기	

○ 청소년 유해환경 단속기능

수행기능명	청소년 유해환경업소 단속 및 청소년관련 행정처분	청소년 보호업무 (청소년 유해환경지도단속)
지방수행기관 (부서)	보건소	체육청소년과
중앙관여기관	보건복지가족부	보건복지가족부 (국가청소년위원회에서 2008년 이관)
근거법령	식품위생법	청소년보호법
유사 · 중복사항	- 보건소에서 위생업소 단속시 청소년 유해업소 단속 및 행정처분을 실시, 체육청소년과의 청소년 유해환경 지도 단속업무와 중복	

둘째, 유형Ⅱ의 경우 휴양림관리기능, 농산물원산지 표시기능, 부정축산물 단속기능, 농산물생산이력기능, 노동조합신고등록기능, 직업소개부조리 신고단속기능 등이 포함된다. 유형Ⅱ는 조사된 사례들에서 보는 바와 같이 대부분 특별지방행정기관의 업무가 많으며, 동일한 중앙부처의 업무수행지침을 받지만, 지역 내 이를 수행하는 프로세스가 지방자치단체와 여타의 지방공공기관(특별지방행정기관, 광역자치단체 등)의 복수로 구성되어 조정필요성이 제기되는 경우이다. 예컨대 농산물원산지 표시기능의 경우 농산물품질관리법에 농림수산식품부와 시 · 도지사가 하도록 규정되어 국립농산물품질관리원과 지방자치단체(농정과)가 함께 수행하고 있으나, 지방자치단체의 경우 원산지표시조사를 위한 부서 및 인력, 전문적인 분석검사역량의 부재 등을 이유로 중복적 수행

의 통합필요성을 제기하고 있는 실정이다.

[표 3-3] 유형Ⅱ의 주요 쟁점

○ 농산물 원산지 표시업무

수행기능명	농산물 원산지 표시업무	농산물 원산지 표시업무
지방수행기관(부서)	농정과	국립농산물품질관리원
중앙관여기관	농림수산식품부	농림수산식품부
근거법령	농산물품질관리법	농산물품질관리법
유사·중복사항	- 농산물품질관리법에 원산지 표시 등의 조사업무가 농림수산식품부와 시·도지사가 하도록 규정 - 지방자치단체의 경우 원산지 표시조사 부서 및 인력, 전문적인 분석검사역량의 부재에 따른 문제 제기	

○ 휴양림운영기능

수행기능명	휴양림 운영	휴양림 운영
지방수행기관(부서)	기초자치단체(산림과)	광역자치단체(산림과)
중앙관여기관	산림청	산림청
근거법령	산림문화휴양에관한법률	산림문화휴양에관한법률
유사·중복사항	- 휴양림업무에 대한 기초 및 광역의 공동관여	

○ 부정축산물단속기능

수행기능명	부정축산물 단속	부정축산물 단속
지방수행기관 (부서)	자치단체(농정과)	국립농산물품질관리원
중앙관여기관	농림수산식품부	농림수산식품부 (국립농산물품질관리원)
근거법령	축산물가공처리법	축산물가공처리법
유사・중복사항	- 부정축산물에 대한 지방자치단체 및 농산물품질관리원의 단속업무 중복 - 업무의 효율성 및 전문성 측면 재검토 필요	

○ 농산물생산이력기능

수행기능명	GAP 및 농산물 생산 이력관리제도	GAP 및 농산물 생산 이력관리제도
지방수행기관 (부서)	자치단체(농정과)	국립농산물품질관리원
중앙관여기관	농림수산식품부	농림수산식품부 (국립농산물품질관리원)
근거법령	농산물품질관리법	농산물품질관리법
유사・중복사항	- GAP관련 행정지원, 교육 및 토양검사, 사후관리 등에서 중복수행	

○ 노동조합신고등록기능

수행기능명	노동조합신고등록	노동조합신고등록
지방수행기관 (부서)	자치단체(지역경제과)	시·도, 노동부
중앙관여기관	노동부	노동부
근거법령	노동조합법	노동조합법
유사·중복사항	- 노동조합 신고등록 전국단위 : 노동부 지역단위 : 도·광역시 사업장 : 시군구	

○ 직업소개부조리 신고단속기능

수행기능명	직업소개부조리(불법직업 소개, 허위구인광고 등) 신고·단속	직업소개부조리(불법직업 소개, 허위구인광고 등) 신고·단속
지방수행기관 (부서)	자치단체(지역경제과)	고용지원센터
중앙관여기관	국토해양부	노동부
근거법령	직업안정법	직업안정법
유사·중복사항	- 불법직업소개 신고·단속 국내 : 지방자치단체 국외 : 노동부 고용지원센터 - 허위구인광고 신고·단속 지방자치단체 또는 노동부 고용지원센터	

셋째, 유형Ⅲ의 경우 민관협력조직구성 관련기능, 음식점 원산지 표시기능, 전세자금지원기능, 식품제조가공업 관련기능, 농촌물관리기능, 지역관광기능 등이 포함된다. 유형Ⅲ은 사례에서 보는 바와 같이 유사업무에 대하여 상이한 중앙부처가 각기 다른 업무수행지침을 시달하고, 이에 따라 지방자치단체 내에 이를 수행하는 프로세스가 복수로 구성되어 조정필요성이 제기되는 경우이다. 예컨대 민관협력조직 구성과 관련된 사례를 보면 행정안전부에서 주관하는 민관협의체가 보건복지가족부에서 추진하는 지역사회복지협의회와 비교하여 다소 포괄적인 기능을 수행하지만 업무성격이 거의 유사하고, 양 조직의 구성인원 역시 상당부분 중복되는 경우가 많았다. 참여정부 시절 기획예산처가 공동지침 작성을 위하여 양 부처의 중재역할을 수행하였지만, 성과를 얻지 못하다가 신정부 수립이후 행정안전부와 보건복지가족부가 상호협의에 의하여 2008년 7월 공동지침을 작성·시달함으로써 유사·중복기능 조정방안 모색을 위한 많은 시사점을 제공해 주고 있다.

[표 3-4] 유형Ⅲ의 주요 쟁점

○ 민관협력조직구성 관련기능

수행기능명	민관협의체 업무	지역사회복지협의회 업무
지방수행기관 (부서)	주민생활지원과/사회복지과	사회복지과
중앙관여기관	행정안전부	보건복지가족부

근거법령	주민서비스혁신추진위원회 규정(대통령령 제172호) 민관협력체계구축추진지침	사회복지사업법
유사·중복사항	- 민관협의체가 지역사회복지협의회와 비교하여 다소 포괄적인 기능을 수행하지만 업무성격이 거의 유사하고, 양 조직의 구성인원 역시 상당부분 중복되는 경우가 많음 - 더구나 상당수 자치단체에서는 한 부서에서 양 조직을 동시에 관리하고 있어 자치단체나 민간조직 모두에서 행정비용의 중복적 운영에 대한 문제제기가 높은 실정임	

○ 음식점 원산지 표시기능

수행기능명	농산물 원산지 표시제도		음식점 원산지 표시제도
지방수행기관(부서)	자치단체(농정과)	농산물 품질관리원	자치단체(보건소)
중앙관여기관	농림수산식품부		보건복지가족부
근거법령	농산물품질관리법		식품위생법
유사·중복사항	- 음식점 원산지 표시제도는 식품위생법에서 규정하고 있으나, 농산물품질관리법 개정을 통해 음식점 원산지 표시까지 규정함으로써 기능 중복발생 - 동일한 업무임에도 법령에 따라 표시대상(쇠고기 및 쌀의 음식점 원산지 표시대상)이 상이 - 식품위생법 : 100㎡이상 일반음식점 - 농산물품질관리법 : 일반음식점, 휴게음식점, 집단급식소 등		

○ 전세자금지원기능

수행기능명	도시저소득가구 전세자금지원	기초수급자 전세자금지원
지방수행기관 (부서)	건축과	주민생활지원과
중앙관여기관	국토해양부	보건복지가족부
근거법령	저소득가구 전세자금 대출지침	○○시저소득주민주거안정 사업운영관리조례
유사·중복사항	- 동일내용의 업무를 중복 수행 - 저소득가구의 기준이 국민기초생활보장법에 의한 최저 생계비 이하인 무주택 저소득층을 의미	

○ 식품제조가공업 관련기능

수행기능명	식품제조가공업소 관리업무	식품산업육성 지원업무
지방수행기관 (부서)	보건소	농정과
중앙관여기관	보건복지가족부	농림수산식품부
근거법령	식품위생법	식품산업진흥법
유사·중복사항	- 식품제조가공업소의 인·허가와 식품안전업무는 식품위생법령에 근거하여 보건소에서 담당하지만, 동일 업체에 대한 육성지원업무는 농정과에서 수행 - 업무연계성에 대한 검토 필요성 제기	

○ 농촌 물관리기능

수행기능명	농촌농업생활용수시설 설치	간이상수도시설 설치
지방수행기관 (부서)	건설과(또는 농정과)	환경보호과
중앙관여기관	농림수산식품부	환경부
근거법령	농어촌정비법	수도법
유사·중복사항	- 농촌 농업생활용수는 농업용수 제공기능과 함께 농민들의 생활용수 제공기능을 하며, 간이상수도 시설은 주민들에게 먹는 물 공급을 수행 - 업무 효율성 및 연계성 차원에서 생활용수와 간이상수도 시설통합을 통한 물관리 일원화 검토	

○ 지역관광기능

수행기능명	전통문화 체험관광산업육성	관광산업육성
지방수행기관 (부서)	기획과(신활력담당) 또는 농정과	관광과
중앙관여기관	농림수산식품부	문화체육관광부
근거법령	농어촌정비법(제66조 농어촌 관광휴양의 지원, 육성)	관광진흥법
유사·중복사항	- 최근 농촌지역의 체험관광에 등에 대한 농림수산식품부의 지원내용(농어촌정비법상 농어촌관광휴양에 대한 지원·육성관련)이 문화체육관광부에서 지원하는 지역관광산업육성이 지방자치단체 수준에서는 상당부분 중복추진되는 경우가 많고, 업무 성격상으로도 연계성 측면을 고려할 때 통합적 운영에 대한 검토 필요성 제기	

넷째, 유형Ⅳ의 경우 공공도서관기능, 소득세신고 및 부과관련기능, 학교지원기능, 수리시설물 사업기관변경기능, 주정차단속기능 등이 포함된다. 유형Ⅳ는 조사된 사례들에서 보는 바와 같이 유사업무에 대하여 상이한 중앙부처가 각기 다른 업무수행지침을 시달하고, 지역 내 이를 수행하는 프로세스가 지방자치단체와 여타 지방공공기관의 복수로 구성되어 조정필요성이 제기되는 경우이다. 예컨대 지방공공도서관의 경우 지방자치단체와 지방교육청에 의하여 각각 관리되고 있지만, 양 도서관의 기능이 큰 차이가 없어 통합적 운영의 필요성이 제기되고 있는 실정이다.

[표 3-5] 유형Ⅳ의 주요 쟁점

○ 공공도서관기능

수행기능명	자치단체 소관 도서관 / 행정자료실	교육청 소관 도서관
지방수행기관 (부서)	자치단체 (문화예술과/총무과)	교육청
중앙관여기관	행정안전부/문화체육관광부	교육과학부/문화체육관광부
근거법령	도서관법	도서관법
유사·중복사항	- 도서관정책은 문화체육관광부 소관이나, 지역 공공도서관의 관리 및 운영은 지방자치단체와 교육청의 이원시스템으로 시행되고 있음 - 지역단위 도서관 상호간의 정책적 공조, 인사이동과 인력활용, 장서개발과 공동보존, 상호대차 및 문헌제공, 각종 문화프로그램 운영, 직원연수 등에서 협력관계를 가지지 못하고 중복적 운영	

○ 소득세신고 및 부과관련기능

수행기능명	소득세할 주민세의 신고납부 및 부과고지	소득세의 신고납부 및 부과고지
지방수행기관(부서)	자치단체(세정과)	세무서
중앙관여기관	행정안전부	국세청
근거법령	지방세법 제177조의 4	국세기본법, 소득세법
유사·중복사항	- 세무서장이 소득세할의 신고를 받거나 부과고지하는 경우 시장·군수가 신고를 받거나 부과고지한 것으로 간주 - 납부방식에 있어 소득세와 주민세가 별개로 분리되어 있어 주민세를 납부하지 않을 경우 시장·군수가 다시 소득세 자료를 통보받아 주민세를 부과고지	

○ 학교지원기능

수행기능명	학교교육지원	학교교육지원
지방수행기관(부서)	자치단체(총무과/교육지원과)	교육청
중앙관여기관	행정안전부	교육과학부
근거법령	교육기본법(제3장 국가, 자치단체의 의무부분)	교육기본법
유사·중복사항	- 학교교육에 대한 지원(우수식재료 구입, 장학금 지급, 방과후 학교 등) - 교육자치 등과 연계하여 업무 일원화 검토	

○ 수리시설물 사업기관변경기능

수행기능명	물관리구역에 따른 수리 시설물 등 사업기관 변경	물관리구역에 따른 수리 시설물 등 사업기관 변경
지방수행기관 (부서)	자치단체(건설과/농정과)	한국농촌공사
중앙관여기관	농림수산식품부	한국농촌공사
근거법령	농어촌정비법	농어촌정비법
유사·중복사항	- 경지정리, 기계화경작로, 수리시설물 등의 관리를 물관리 구역(몽리구역)에 따라 지방자치단체와 한국농촌공사가 구분하여 사업을 시행	

○ 주정차단속기능

수행기능명	시가지내 주정차단속	주정차단속
지방수행기관 (부서)	자치단체(교통과)	경찰서
중앙관여기관	국토해양부	경찰청
근거법령	도로교통법	도로교통법
유사·중복사항	- 시가지내 주정차단속 : 지방자치단체 교통과 기타 지역 : 경찰서 - 주정차 단속업무의 중복 방지 및 단속효과 극대화방안 차원에서 검토 필요	

2. 유형별 사례분석

가. 유형Ⅰ: 기반시설 정비기능

1) 기능의 개요

유형Ⅰ은 전술한 바와 같이 유사·중복기능이 지방자치단체 내에 존재하고, 이에 관여하는 중앙부처가 단일한 경우이다. 이러한 유형에 해당하는 대표적인 사례가 모든 지방자치단체에서 공히 관장하고 있는 "기반시설의 정비기능"이다.

기반시설의 정비는 도시기능의 회복 또는 원활화를 위하여 제반기반시설을 정비 및 관리하는 도시관리계획의 하나이다. 여기에서 말하는 기반시설은 대통령령이 정하는 다음의 시설들이 포함된다. 즉, ① 도로·철도·항만·공항·주차장 등 교통시설, ② 광장·공원·녹지 등 공간시설, ③ 유통업무설비, 수도·전기·가스공급설비, 방송·통신시설, 공동구 등 유통·공급시설, ④ 학교·운동장·공공청사·문화시설·체육시설 등 공공·문화체육시설, ⑤ 하천·유수지·방화설비 등 방재시설, ⑥ 화장장·공동묘지·납골시설 등 보건위생시설, ⑦ 하수도·폐기물처리시설 등 환경기초시설이 여기에 해당된다. 이러한 기반시설의 정비는 「도시및주거환경정비법」과 「국토의계획및이용에관한법률」 등 2가지 법률에 관련내용이 규정되어 있다.

[표 3-6] 기반시설정비기능의 개요(○○시 사례)

구 분	내 역	
기능명	정비기반시설 설치	기반시설 설치
수행기관(부서)	건축과	도시디자인과
중앙관여기관	국토해양부	국토해양부
근거법령	도시및주거환경정비법	국토의계획및이용에관한법률

2) 기능수행 프로세스

전술한 바와 같이 정비기반시설과 기반시설의 설치는 각각 「도시및주거환경정비법」과 「국토의계획및이용에관한법률」 등에 근거하여 수행되고 있다. 따라서 원칙적으로 동 기능의 수행은 앞의 각 법에 규정된 절차에 의거하도록 되어 있다.

우선, 「도시및주거환경정비법」에 규정된 정비기반시설의 수행 프로세스는 다음과 같다. 시장 및 군수는 10년 단위로 작성되는 "도시·주거환경정비기본계획"의 적합한 범위 안에서 정비계획을 수립하고, 14일 이상 주민에게 공람하는 동시에 지방의회의 의견을 수렴한 후 이를 시·도지사에게 정비구역지정을 신청하도록 하고 있다. 정비계획에는 다음과 같은 내용들이 반드시 포함되어 있어야 한다. 즉, 정비사업의 명칭, 정비구역 및 그 면적, 도시계획시설의 설치에 관한 계획, 공동이용시설 설치계획, 건축물의 주용도·건폐율·용적률·높이·층수 및 연면적에 관한 계획, 도시경관과 환경보전 및 재난방지에 관한 계획, 정비사업시행 예정시기, 그 밖에 정비사업의 시행을 위하여 필요한 사항 등이 그것

[그림 3-1] 정비기반시설의 설치 프로세스

정비계획수립(시장/군수)	
↓ 신청	← 주민공람/지방의회 의견수렴
정비구역지정(시·도지사)	
↓ 보고	← 공보고시/주민설명회
정비구역결정(국토해양부장관)	
↓ 고시	
지장물조사	
↓	← 보상열람공고/시행계획서 작성·고시
사업시행	

이다. 시·도 지사는 특별한 하자가 없는 경우 정비구역을 지정하고, 그 결과를 당해 지방자치단체의 공보에 고시하고 주민설명회를 거친 후 국토해양부 장관에게 보고한다. 국토해양부 장관은 특별한 사유가 없는 한 정비구역을 고시하고, 이에 따라 정비구역이 최종 결정된다. 정비구역이 결정되면, 당해 시·군은 지장물 조사와 보상열람공고 및 시행계획서를 작성하여 고시하고, 사업을 시행한다.

한편, 「국토의계획및이용에관한법률」에 규정된 기반시설의 수행 프로세스는 다음과 같다. 특별시장·광역시장·시장 또는 군수는 ① 동법 또는 다른 법령의 제정 및 개정으로 인하여 행위제한이 완화되거나 해제되는 지역, ② 동법 또는 다른 법령에 따라 지정된 용도지역[1] 등이 변경되거나 해제되어 행위제한이 완화

1) 용도지역은 토지의 이용 및 건축물의 용도·건폐율·용적률·높이 등을 제한함으로써 토지를 경제적·효율적으로 이용하고, 공공복리의 증진을 도모하기

[그림 3-2] 기반시설의 설치 프로세스

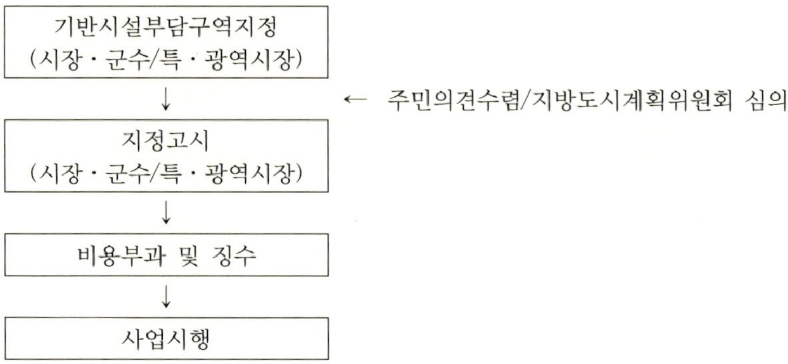

되는 지역, ③ 개발행위허가 현황 및 인구 증가율 등을 고려하여 대통령령으로 정하는 지역 등에 해당되는 지역에 대해서는 기반시설부담구역으로 지정한다. 다만, 이 경우에는 주민의 의견을 수렴하고, 해당 지방자치단체에 설치된 "지방도시계획위원회"의 심의를 거쳐야 한다. 구역이 지정되면 고시를 하고, 당해 개발행위에 대하여 법률에 정한 바에 따라 부담금을 부과 및 징수한다. 징수한 부담금을 기초로 해당 지역의 기반시설에 필요한 사업을 시행한다.

3) 중복요소 및 문제점

전술한 「도시및주거환경정비법」과 「국토의계획및이용에관한법률」 등에 근거한 정비기반시설의 설치 및 기반시설의 설치는 주민생활에 필수적인 제반 공공시설의 설치에 관련된 기능이다.

위하여 서로 중복되지 아니하게 도시관리계획으로 결정하는 지역을 말한다.

[표 3-7] 정비기반시설 및 기반시설 대상사업 비교

구 분	정비기반시설 사업	기반시설사업
대상 사업	- 도로 - 상하수도 - 공원 - 공용주차장 - 공동구 - 녹지 - 하천 - 공공공지 - 광장 - 소방용수시설 - 비상대피시설 - 가스공급시설	- 교통시설(도로, 철도, 항만, 공항, 주차장, 자동차정류장, 궤도, 삭도, 운하, 자동차 및 건설기계검사시설, 자동차 및 건설기계운전학원) - 공간시설(광장, 공원, 녹지, 유원지, 공공공지) - 유통·공급시설(유통업무설비, 수도·전기·가스·열공급설비, 방송·통신시설, 공동구·시장, 유류저장 및 송유설비) - 공공·문화체육시설(학교, 운동장, 공공청사, 문화시설, 체육시설, 도서관, 연구시설, 사회복지시설, 공공직업훈련시설, 청소년수련시설) - 방재시설(하천, 유수지, 저수지, 방화설비, 방풍설비, 방수설비, 사방설비, 방조설비) - 보건위생시설(화장시설, 공동묘지, 봉안시설, 자연장지, 장례식장, 도축장, 종합의료시설) - 환경기초시설(하수도, 폐기물처리시설, 수질오염방지시설, 폐차장)

이에 관련된 기능들 중에서는 다수는 정비기반시설의 설치 및 기반시설의 설치에서 동일한 대상사업으로 분류되고 있다. 예를 들면, 정비기반시설의 대상사업인 도로와 공용주차장은 기반시설사업의 교통시설 사업에 포함되고, 공원과 광장 및 공공공지는 공간시설에 그리고 가스공급시설은 유통·공급시설에 포함된다. 이처럼 정비기반시설의 관련사업은 모두 기반시설의 사업에 동일하게 포함되어 있다.

이러한 실태분석에 기초하여 보면, 정비기반시설의 설치와 기반시설의 설치간에는 다음과 같은 중복현상이 발생되고 있는 것으로 간주된다. 첫째, 양자간에 관장하는 사업대상이 동일하다는 것이다. 앞에서 살펴본 바와 같이 정비기반시설의 설치사업 대상은 모두 기반시설의 설치사업대상에 포함되는 것이다. 다만, 정비기반시설의 대상사업 이외에도 다수의 사업들이 기반시설의 사업의 대상으로 규정되어 있다. 둘째, 동일한 사업이 각기 다른 기구의 관장사업으로 분리 배치됨으로써 사업의 시행과정은 동일한 절차를 거치게 된다는 것이다. 즉, 정비기반시설의 설치와 기반시설의 설치결정은 다소 상이한 절차를 거치게 되나, 사업이 결정된 이후 해당 지방자치단체에서 추진되는 사업과정은 대체적으로 동일한 프로세스를 보이고 있다는 것이다. 이는 정비기반시설의 설치와 기반시설의 설치가 동일한 사업내용이나 단지 사업의 특성에 따른 공간적 차이가 있을 뿐이라는 점에서 비롯된다. 예를 들면, 기반시설의 설치는 도시구역 내의 전체가 해당됨에 비해 정비기반시설의 설치는 "정비구역"으로 지정된 지역에 국한하여 실행된다.

이와 같은 정비기반시설의 설치와 기반시설의 설치에서 나타나는 중복현상은 다음과 같은 문제점들을 초래한다. 첫째, 유사 또는 동일기능의 중복수행에 따른 행정비용의 낭비이다. 여기에서 제기되는 행정비용의 낭비는 유사 또는 동일한 업무의 수행을 위하여 분리된 각 기구별로 해당인력을 배치하게 된 것에 따른 행정비용의 낭비가 가장 크다. 둘째, 체계적인 행정수행이 곤란하다는 점이다. 기반시설은 지역주민들의 생활과 밀접히 관련된 기초시설들로서 지역내 전체공간을 대상으로 수요량에 따른 합리적인 설계가 이루어지고, 이에 따라 설치될 필요가 있다. 그러나 전술한 바와 같이 대상사업에 따라 분리된 계획이 수립되고, 또한 이에 따른 집행이 이루어질 경우 합리적인 설치 및 공급이 저해될 가능성이 많다.

4) 문제해결의 정책적 방향

정비기반시설의 설치와 기반시설의 설치에서 나타나는 중복현상을 해소하기 위한 방법은 비교적 용이한 조치로 가능하다. 이는 중복행정의 유형Ⅰ이 갖는 특징적 조건에서 비롯된다. 중복행정의 유형Ⅰ은 당해 지방자치단체 내에서 중복현상이 발생되고 있고, 중앙의 관여부처가 단일부처라는 특성이 있다. 이처럼 정비기반시설의 설치와 기반시설의 설치는 당해 지방자치단체 내에서 기능의 분리배치에 따라 발생되는 중복현상이고, 중앙부처로는 국토해양부만 관여하고 있다.

따라서 정비기반시설의 설치와 기반시설의 설치에서 발생되는 중복현상은 당해 지방자치단체에서 양 기능을 통합하여 배치하고, 단일기구에서 수행하는 시스템을 구축하는 것이 필요하다. 양 기능에 대하여 단일기구에서 통합하여 관장함으로써 소극적인 측면에서는 기반시설 설치에 관한 중복현상을 해소하고, 적극적인 측면에서는 기반시설 설치의 합리적 수행의 효과를 확보할 수 있다. 다만, 전술한 바와 같이 정비기반시설의 설치와 기반시설의 설치에서 나타나는 중복현상을 해소하기 위한 법적 개정 등의 부가적인 조치는 수반되지 않아도 가능하다.

나. 유형Ⅱ: 노동조합 설립신고·등록기능

1) 기능의 개요

유형Ⅱ는 동일한 중앙부처에 의하여 지방자치단체와 외부공공기관에 각각 유사·중복업무의 지시로 인하여 지방자치단체와 외부기관간에 중복사례가 발생하는 경우이다. 주로 지방자치단체와 특별지방행정기관간에 행정기능의 중복현상이 발생되고 있다. 이러한 유형에 해당하는 대표적인 사례가 지방자치단체와 지방노동청이 동시에 추진하고 있는 "노동조합설립신고 등록기능"이다.

노동조합은 근로자가 주체가 되어 자주적으로 단결하여 근로조건을 유지, 개선, 기타 근로자의 경제적 및 사회적 지위의 향상을 도모하기 위한 목적으로 조직하는 단체 또는 그 연합단체를 말한다. 다만, 다음과 같은 경우에는 단체를 형성하더라도 노동조합으로 간주하지 않는다. 즉, ① 사용자 또는 항상 그의 이익을 대표하여 행동하는 자의 참가를 허용하는 경우, ② 경비의 주된 부분을 사용자로부터 원조받는 경우, ③ 공제, 수양 또는 복리사업만을 목적으로 하는 경우, ④ 근로자가 아닌 자의 가입을 허용하는 경우, 다만, 해고된 자가 근로위원회에 부당노동행위의 구제신청을 한 경우에는 중앙노동위원회의 재심판정이 있을 때까지는 근로자가 아닌 자로 해석하지 않음, ⑤ 주로 정치운동을 목적으로 하는 경우 등이 그것이다. 이와 같은 노동조합은 단체를 구성한 후 관계행정기관에 설립신고를 함으로써 비로소 법적인 보호와 효력을 갖게 된다. 그리고 노동조합의 설립신고에 관련된 내용들은 「노동조합및노동관계조정법」에 규정되어 있다.

[표 3-8] 노동조합설립 신고등록기능 개요(○○시 사례)

구 분	내 역	
수행기관(부서)	지방자치단체(지역경제과)	시·도, 노동부
중앙관여기관	노동부	노동부
근거법령	노동조합및노동관계조정법	노동조합및노동관계조정법

2) 기능수행 프로세스

노동조합의 설립신고는 다음과 같은 절차를 거친다. 노동조합을 설립하고자 하는 사람은 설립신고양식에 ① 명칭, ② 주된 사무소의 소재지, ③ 조합원 수, ④ 임원의 성명과 주소, ⑤ 소속된 연합단체가 있는 경우에는 그 명칭, ⑥ 연합단체인 노동조합에 있어서는 그 구성노동조합의 명칭, 조합원 수, 주된 사무소의 소재지 및 임원의 성명·주소를 기재하고, 조합의 규약을 첨부하여 노동부(지방노동관서, 시·도)에 제출한다. 이 경우 노동조합의 규약에는 반드시 다음과 같은 내용들이 포함되어야 한다. 즉, ① 명칭, ② 목적과 사업, ③ 주된 사무소의 소재지, ④ 조합원에 관한 사항(연합단체인 노동조합에 있어서는 그 구성단체에 관한 사항), ⑤ 소속된 연합단체가 있는 경우에는 그 명칭, ⑥ 대의원회를 두는 경우에는 대의원회에 관한 사항, ⑦ 회의에 관한 사항, ⑧ 대표자와 임원에 관한 사항, ⑨ 회의비 기타 회계에 관한 사항, ⑩ 규약변경에 관한 사항, ⑪ 해산에 관한 사항, ⑫ 쟁의행위와 관련된 찬반투표 결과의 공개, 투표자 명부 및 투표용지 등의 보존·열람에 관한 사항, ⑬ 대표자와 임원의 규약위반에 대한 탄핵에 관한 사항,

[그림 3-3] 노동조합설립신고서 양식

<table>
<tr><td colspan="4" rowspan="2">노동조합설립신고서</td><td colspan="2">처리기간</td></tr>
<tr><td colspan="2">3일</td></tr>
<tr><td colspan="2">①명칭</td><td></td><td>②노동조합의 형태</td><td colspan="2"></td></tr>
<tr><td colspan="2">③주된사무소의 소재지 (전화번호)</td><td></td><td>④조합원수</td><td colspan="2"></td></tr>
<tr><td rowspan="3">대표자</td><td>⑤성명</td><td></td><td>⑥주민등록번호</td><td colspan="2"></td></tr>
<tr><td>⑦주소</td><td></td><td>⑧전화번호</td><td colspan="2"></td></tr>
<tr><td>⑨소속부서</td><td></td><td>⑩직책</td><td></td><td></td></tr>
<tr><td colspan="3">⑪소속된 연합단체의 명칭</td><td colspan="3"></td></tr>
<tr><td colspan="6">년 월 일 본인 외 명은 에서 노동조합 설립총회를 개최하고 노동조합 및 노동관계조정법 제10조 제1항의 규정에 의하여 노동조합의 설립을 신고합니다.
년 월 일
대표자 (서명 또는 날인)
귀하</td></tr>
<tr><td colspan="5">구비서류

1. 규약 1부</td><td>수수료

없음</td></tr>
<tr><td colspan="6">2. 임원의 성명 또는 주소록 1부
3. 구성노동단체의 명칭, 조합원수, 주된 사무소의 소재지 및 임원의 성명주소(연합단체인 노동조합에 한함)
4. 사업 또는 사업장별 명칭, 조합원수, 대표자의 성명(2개 이상의 사업 또는 사업장의 근로자로 구성된 단위노동조합에 한함)
※ 이 용지는 무료로 배부하여 드립니다.</td></tr>
</table>

[그림 3-4] 노동조합설립신고 절차

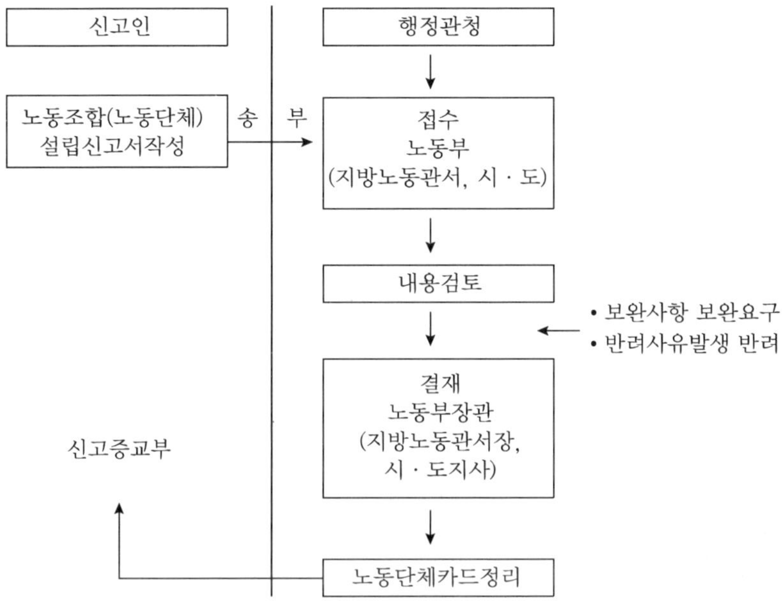

⑭ 임원 및 대의원의 선거절차에 관한 사항, ⑮ 규율과 통제에 관한 사항 등이 그것이다.

행정기관은 신고인이 제출한 서류에 대하여 설립신고서 또는 규약의 내용을 검토하고, 기재사항의 누락 등으로 보완이 필요한 경우에는 20일 이내의 기간을 정하여 보완을 요구하고, 반려사유가 발생한 때에는 반려를 한다. 그리고 신고서 또는 규약의 내용에 특별한 하자가 없을 경우에는 3일 이내에 신고증을 교부하도록 하고 있다. 특히, 보완요구를 하였을 경우에도 보완된 설립신고서 또는 규약을 접수한 이후 3일 이내로 신고증을 교부하도록 하고 있다.

3) 중복요소 및 문제점

노동조합의 설립신고등록기능에서 나타나는 행정기능의 중복현상은 설립하고자 하는 노동조합의 규모에 따라 동일기능이 각기 상이한 행정기관에 의하여 분리 관장되는 것에서 발생된다. 「노동조합 및 노동관계조정법」 제10조에 따르면, 연합단체인 노동조합과 2개 이상의 특별시·광역시·도·특별자치도에 걸치는 단위노동조합은 노동부장관에게, 2개 이상의 시·군·자치구에 걸치는 단위노동조합은 특별시장·광역시장·도지사에게 그 외의 노동조합은 특별자치도지사·시장·군수·구청장에게 제출하도록 하고 있다. 이는 결국, 노동조합의 설립신고라는 동일한 기능이 노동조합의 규모에 따라서 상이한 행정기관에 분리 관장되는 결과로 나타나고 있다.

노동조합의 설립신고등록기능 역시 전술한 정비기반시설의 설치 및 기반시설의 설치와 마찬가지로 중복수행에 따른 문제점들을 유발하고 있다. 여기에서의 문제점은 공급자와 수요자 각각에서 발생되고 있다. 우선, 공급자 측면에서는 동일한 기능을 규모차이에 따라 노동부, 광역단체 및 기초단체가 분리 관장케 함으

[그림 3-5] 노동조합설립신고 기관실태

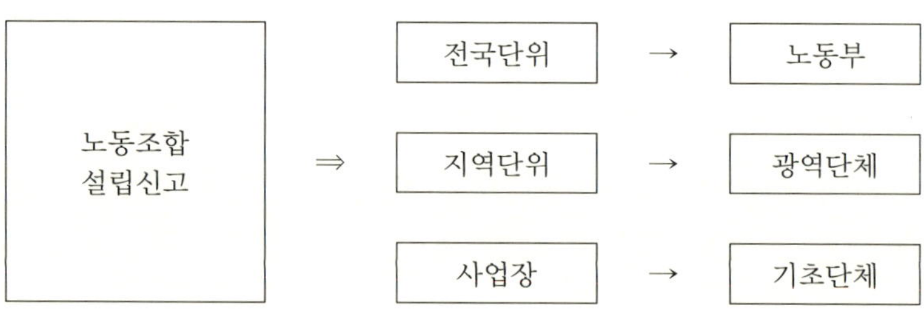

로써 기구 및 인력의 중복투입에 따른 행정비용의 낭비가 초래된다. 또한 수요자 측면에서는 노동조합의 설립신고라는 동일한 기능을 노동부, 광역 및 기초단체의 3개 행정기관이 분담 처리하는 데에 따라 불가피하게 혼란이 발생된다.

4) 문제해결의 정책적 방향

노동조합의 설립신고등록기능에서 발생되는 중복현상을 해소하기 위해서는 관련법률을 개정하는 조치가 수반될 필요가 있다. 전술한 바와 같이 노동조합의 설립신고는 동일한 기능이지만, 노동조합의 규모에 따라 처리기관이 달라진다. 그러나, 두 가지 측면에서 노동조합의 설립신고기능이 분담처리될 실익이 없는 것으로 판단된다. 하나는 노동조합의 설립신고서의 기재사항과 규약의 내용이 법적으로 명확히 규정되어 있기 때문에 이들의 내용을 검토하는 데에 상당한 전문성이 요청되지 않고, 따라서 행정계층별 단위를 달리해야 할 필요가 없다는 것이다. 다시 말하면, 노동조합의 규모가 크다고 해서 보다 상위의 행정계층단위에서 검토해야 할 만큼 설립신고서의 기재사항과 규약의 내용이 복잡하거나 전문적이지 않다는 것이다. 다른 하나는 노동조합의 규모와 상관없이 소재지는 기초자치단체 단위로 설정된다는 것이다. 다시 말하면, 연합단체의 노동조합이든 2개 이상의 시·도에 걸치는 노동조합이든 그 소재지는 기초자치단체 단위로 설정될 수밖에 없다는 것이다. 따라서 노동조합의 규모와 상관없이 소재지를 기준으로 해당 기초자치단체에서 설립신고업무를 처리하는 것이 보다 타당한 방법이다.

이러한 점들을 고려하면, 노동조합의 설립신고등록기능에서 나타나는 중복현상을 해소하기 위해서는 「노동조합 및 노동관계조정법」 제10조의 내용을 규모기준에서 소재지 기준으로 개정하는 것이 필요하다. 그리고 신청기관에 대해서는 소재지의 시장·군수·구청장으로 개정하는 것이 바람직하다. 이러한 개정내용을 보다 구체적으로 적시하면 [표 3-9]와 같다.

[표 3-9] 노동조합설립신고의 개정

구 분	현 행	개 정
내 용	제10조(설립의 신고) ①노동조합을 설립하고자 하는 자는 다음 각호의 사항을 기재한 신고서에 제11조의 규정에 의한 규약을 첨부하여 연합단체인 노동조합과 2 이상의 특별시·광역시·도·특별자치도에 걸치는 단위노동조합은 노동부장관에게, 2 이상의 시·군·구(자치구를 말한다)에 걸치는 단위노동조합은 특별시장·광역시장·도지사에게, 그 외의 노동조합은 특별자치도지사·시장·군수·구청장(자치구의 구청장을 말한다. 이하 제12조제1항에서 같다)에게 제출하여야 한다 1. 명칭 2. 주된 사무소의 소재지 3. 조합원수 4. 임원의 성명과 주소	제10조(설립의 신고) ①노동조합을 설립하고자 하는 자는 다음 각호의 사항을 기재한 신고서에 제11조의 규정에 의한 규약을 첨부하여 <u>주된 사무소의 소재지 관할</u> 특별자치도지사·시장·군수·구청장(자치구의 구청장을 말한다. 이하 제12조제1항에서 같다)에게 제출하여야 한다 1. 명칭 2. 주된 사무소의 소재지 3. 조합원수 4. 임원의 성명과 주소 5. 소속된 연합단체가 있는 경우에는 그 명칭 6. 연합단체인 노동조합에 있어서는 그 구성노동단체의 명칭, 조합원수, 주된 사무소의 소재지 및 임원의 성명·주소

	5. 소속된 연합단체가 있는 경우에는 그 명칭 6. 연합단체인 노동조합에 있어서는 그 구성노동단체의 명칭, 조합원수, 주된 사무소의 소재지 및 임원의 성명·주소	

다. 유형Ⅲ: 민관협력조직 구축기능

1) 기능의 개요

유형Ⅲ은 앞서 제시한 바와 같이 유사업무에 대하여 상이한 중앙부처가 각기 다른 업무수행지침을 시달하고, 이에 따라 지방자치단체 내에 이를 수행하는 프로세스가 복수로 구성되어 조정필요성이 제기되는 경우이다. 여기서는 “민관협력조직의 구성”과 관련하여 보다 구체적으로 살펴보고자 한다. 이 사례의 경우 유형Ⅲ의 대표적인 예이었지만, 현재 조정과정을 거쳐 중복문제가 해소된바, 성공적 조정사례로서의 시사점을 얻고자 하는 데 분석목적이 있다.

현재 지방자치단체 내 민관협력기구의 구성은 ‘지역사회복지협의체’의 구성과 ‘주민생활지원 민관협의체’ 구성의 두 가지가 병존하고 있다. 전자의 경우 사회복지사업법 제7조 2에 근거하여 지역사회 내 사회복지 및 보건의료 분야에 있어 공공부문과 민간부문의 협력적 관계구축을 위하여 보건복지가족부의 주관하에 의무구성토록 되어 있다. 한편 후자의 경우는 ‘주민서비스혁신추진위원회규정(대통령훈령 제172호/06. 05. 26)’ 및 ‘민관협력체계구축추진지침(주민서비스혁신추진단-210/07. 01. 23)’에 근거하여 행정안전부의 주관하에 추진되고 있다.

[표 3-10] 민관협력기구 구축기능의 개요

수행기능명	민관협의체 업무	지역사회복지협의회 업무
지방수행기관(부서)	주민생활지원과/사회복지과	사회복지과
중앙관여기관	행정안전부	보건복지가족부
근거법령	주민서비스혁신추진위원회 규정(대통령령 제172호) 민관협력체계구축추진지침	사회복지사업법

2) 기능수행 프로세스

민관협력조직의 구축은 앞서 논의한 바와 같이 두 가지 프로세스에 의하여 추진되고 있는데, 하나는 사회복지사업법에 따라 보건복지가족부에 의해 추진되는 프로세스이고, 다른 하나는 민관협력체계구축지침에 따라 행정안전부에 의하여 추진되는 경우이다.

먼저 사회복지사업법에 따라 추진되는 지역사회복지협의체의 구축과정은 다음과 같다. 사회복지사업법 제 7 조 2의 ①에서는 "관할지역안의 사회복지사업에 관한 중요사항과 제15조의 3 제 1 항의 규정에 의한 지역사회복지계획을 심의 또는 건의하고, 사회복지·보건의료 관련 기관·단체가 제공하는 사회복지서비스 및 보건의료서비스의 연계·협력을 강화하기 위하여 시·군·구에 지역사회복지협의체를 둔다"고 하여 설치의무를 규정하고 있다. 이에 따라 지방자치단체의 장은 사회복지 또는 보건의료에 관한 학식과 경험이 풍부한 자, 사회복지사업을 행하는 기관·단체의 대표자, 보건의료사업을 행하는 기관·단체의 대표자, 공익단체에서 추천한 자 및 사회복지업무 또는 보건의료업무를 담당하는 공무원 등으로 지역사회복지협의체의 위원을 위촉 내지 임명하여야 한다. 그리고 지역사회복지협의체의 업무를 효율적으로 수행하기 위하여 지역사회복지협의체에 실무협의체를 두고 관련 전문가를 실무위원으로 위촉하도록 하고 있다.

다음 민관협력체계구축지침에 따라 추진되는 민관협의체의 구축과정은 다음과 같다. 행정안전부의 권고지침에 의하여 지방자치단체의 장은 주민생활지원서비스와 직결된 8대 민간협력분야(복지, 보건, 고용, 주거, 평생학습, 문화, 생활체육, 관광)에 대하여 민관네트워크의 구축을 위하여 각 분야의 대표자들로 구성되는 대표협의체를 구성한다. 그리고 이의 효과적인 운영을 위하여 실무전문가들이 참여하는 실무협의체를 구성토록 하고 있다.

3) 중복요소 및 문제점

민관협력조직의 구축업무는 크게 두 가지 측면에서 중복적 현상 및 문제점을 나타내었다. 첫째, 업무내용적 측면에서의 중복으로 앞서 기술한 기능프로세스에서도 언급한 바와 같이 지역사회복지협의회의 주요 구성분야는 사회복지와 보건의료이며, 민관협의체 역시 8대 분야라고 하지만 사회복지와 보건의료 등이 주가 되고 여타 분야의 경우 형식적 구성인 경우가 많아 양 조직체간 상당부분에 있어 중복현상을 보인다는 것이다. 실제로 이 문제에 대한 기획예산처(2008)의 연구결과에 의하면 지역사회복지협의회에 참여하는 구성원의 75.9%가 지역사회복지협의회와 민관협의체의 기능이 상호 중복적 관계에 있다고 응답한데서도 잘 알 수 있다.

둘째, 업무수행과정의 중복문제를 들 수 있다. 업무내용의 지침은 보건복지가족부와 행정안전부로부터 내려오지만 실제 업무수행은 지방자치단체 내 사회복지과와 주민생활지원과에서 유사한 과정을 거쳐 수행되며, 일부 지방자치단체의 경우 동일 부서에서 중복적으로 처리하는 경우도 있다.

4) 문제해결의 정책적 방향

민관협력조직 구성업무의 경우 기존의 지역사회복지협의회 이외에 민관협의체 구성지침이 내려올 때부터 지방자치단체 관련 공무원의 경우 양 기능의 통합을 통한 업무처리의 일원화를 지속적으로 제기하여 왔다. 그러나 지방적 요구에도 불구하고 2007년 당시 보건복지부(현 보건복지가족부)와 행정자치부(현 행정안전부)는 각각 추진하고 있던 지역사회복지협의회와 민관협의체의 강화 및 확대정책을 강행함에 따라, 기획예산처(현 기획재정부)의 주관하에 공동지침 마련을 위한 조정작업이 추진되었다.

기획예산처는 양 부처 담당공무원과의 협의기회를 마련하는 동시에, 외부연구기관에 조정방안을 모색하기 위한 연구용역을 발주하였다. 이후 연구용역진과 양 부처관계자의 지속적 회합을 통하여 통합지침 작성을 위한 논의를 진전시켰고, 신정부 출범이후 용역연구결과에 근거한 통합조정지침을 2008년 7월 지방자치단체에 시달하게 된다. 행정안전부와 보건복지가족부의 통합지침(민관협력기구 운영 효율화 방안, 2008. 7. 22)에서는 '주민서비스민관협의체'와 '지역사회복지협의체'를 지역 여건에 따라 ① 민관협의체 중심 통합형, ② 지역사회복지협의체 확대통합형, ③ 혼합형 등으로 통합운영방법을 선택할 수 있도록 하였다. 이 사례의 경우 조정적 역할과 관련 부처의 적극적 참여, 지방자치단체의 선택적 자율성 존중 등을 통해 유사·중복의 문제를 해소해 나가고 있는 대표적인 예가 된다.

라. 유형Ⅳ: 지방공공도서관기능

1) 기능의 개요

유형Ⅳ는 유사업무에 대하여 복수의 중앙부처가 관여하고, 지역 내 이를 수행하는 프로세스 역시 지방자치단체와 여타 지방공공기관의 복수로 구성되어 조정필요성이 제기되는 경우이다. 여기서는 앞서 제시된 사례들 중 지방공공도서관의 중복운영에 대하여 살펴본다. 현재 공공도서관 관련정책은 문화체육관광부에서 도서관법에 따라 추진하고 있다. 구체적으로 도서관업무는 도서관법에 따라 문화체육관광부에서 관련 제도 및 종합계획수립업무를 하도록 되어 있으며,[2] "국가와 지방자치단체는 국민이 자유롭고 평등하게 지식정보에 접근하고 이를 이용할 수 있도록 도서관의 발전을 지원하여야 하며 이에 필요한 시책을 강구하여야 한다(도서관법 제4조)"고 하여 지원의무를 명시하고 있다. 도서관법에 의한 도서관은 공공도서관(문화체육관광부, 행정안전부, 교육과학

2) 구체적으로는 도서관법에 의하여 설치되는 도서관정책위원회(위원장 대통령 위촉, 부위원장 문화체육관광부장관)가 도서관종합계획, 관련제도, 국가와 지방의 도서관 운영체계, 도서관 운영평가 등의 업무를 수립·심의·조정하며, 이에 대한 지원을 위하여 문화체육관광부 내 기획단(도서관정보정책기획단)을 두도록 하고 있다(도서관법 제12조).

기술부), 대학도서관 및 학교도서관(교육과학기술부), 전문도서관(해당부처) 등으로 나뉘어지는데,[3] 여기서는 공공도서관 중에서 지방공공도서관, 즉 지역 내에서 크게 이원적으로 운영되고 있는 지방자치단체와 교육청에 의하여 설치·운영되고 있는 도서관을 논의 대상으로 한다. 1990년 문화부 설립 이후 공공도서관의 이원적 운영에 따르는 제반 문제점, 예컨대 지방공공도서관의 상호 정책협력 부재, 자료의 공동관리 및 보존 미비, 인적자원의 교류부재, 문화프로그램의 중복성 운영 등으로 인하여 지속적으로 문제제기 및 통합노력을 추진하여 왔으나 현재까지 이원적 운영체계의 문제가 해결되지 못하고 있는 실정이다.

2) 기능수행 프로세스

지방공공도서관의 대표적 운영형태는 앞서 언급한 바와 같이 지방자치단체 소속의 도서관과 지방교육청 소속의 도서관이다. 본 연구에서 사례지역인 안동시의 경우 지방공공도서관은 [표 3-11]에서 보는 바와 같이 안동시 산하의 안동시립도서관과 교육청 산하의 도립안동도서관이 운영되고 있으며, 각각 해당 지방자

3) 여기서 공공도서관이란 "공중의 정보이용·문화활동·독서활동 및 평생교육을 위하여 국가 또는 지방자치단체가 설립한 도서관이나 공중에게 개방할 목적으로 민간기관 및 단체가 설립한 도서관"을 의미하며, 지방자치단체나 교육청에 의해 설치된 지방공공도서관은 물론, 비영리 독서시설인 문고, 장애인도서관, 병원도서관, 병영도서관, 교도소도서관, 어린이도서관 등을 포함한다. 다음 대학도서관은 「고등교육법」 제2조의 규정에 따른 대학 및 다른 법률의 규정에 따라 설립된 도서관을 말하며, 학교도서관은 「초·중등교육법」 제2조의 규정에 따라 고등학교 이하의 각급 학교에 설치된 도서관을, 그리고 전문도서관은 그 설립 기관·단체의 소속 직원 또는 공중에게 특정 분야에 관한 전문적인 도서관서비스를 제공하는 것을 주된 목적으로 하는 도서관을 말한다(도서관법 제2조 참조).

[표 3-11] 지방공공도서관 주요기능 비교(예: 안동시)

구 분	안동시립도서관	도립안동도서관
지위	- 안동시청 사업소 - 본관 1(6명)	- 경북교육청 직속기관 - 본관 1 분관 2(42명)
관련 부처	- 행정안전부	- 교육과학기술부
주요 기능	- 도서관운영 활성화(평생교육의 장으로 도서관 이용 활성화 유도) - 문화교실 확대운영(시민의 교양과 문화수준 향상 및 여가선용을 도모하고 평생학습하는 분위기 조성)	- 각종 평생교육프로그램 운영 - 건전한 시민의 문화공간 제공

출처: 안동시립도서관(2008년도 주요사업); 도립안동도서관(홈페이지 도서관소개).

치단체와 교육청의 업무지시를 받지만 주요 기능은 도서대출·열람, 평생교육 및 문화공간으로서의 기능으로 동일하다.

한편 도서관 운영에 대한 평가는 문화체육관광부에 의한 '공공도서관 운영평가'(2008년의 경우 교육청 소속의 대/중규모 도서관, 지방자치단체의 중앙도서관 1,000점 만점 평가, 교육청 소속 소규모 도서관, 지방자치단체의 분관도서관, 사립/특수 도서관 580점 만점 평가)를 통하여 이루어진다.

3) 중복요소 및 문제점

지역 내 지방자치단체 소속의 도서관과 교육청 소속의 도서관은 평생교육 및 문화공간으로서의 기회제공이라는 동일 목적을 위하여 운영되면서, 지난 90년대부터 운영체계의 일원화를 위한 문제제기가 중앙은 물론 지방에서도 지속적으로 있어 왔다. 한국

문화관광연구원의 연구(2007)에 의하면 지역 공공도서관의 이원적 운영은 기능의 중복수행은 물론 지역단위 도서관 상호간의 정책공조, 인사이동과 인력활용, 장서개발과 공동보존, 상호대차와 문헌제공 봉사, 각종 프로그램의 운영, 직원연수 및 세미나 개최 등에서 이중성으로 인한 문제점 노출을 지적하고 있다. 나아가 위 연구에서 광역자치단체 및 교육청 관계자를 대상으로 한 조사를 보면 각각 67%, 56%의 응답자가 중복문제에 대해 동의하였고, 광역자치단체 관계자의 31%, 교육청 관계자의 50%가 지방자치단체로의 통합에 지지하는 의견을 나타내고 있다.

4) 문제해결의 정책적 방향

지역공공도서관의 이원적 운영체계에 대한 문제해결은 양자의 통합적 운영, 특히 지방자치단체로의 이관을 통한 통합관리에 다수의 의견이 모아지고 있는 것이 현재까지의 움직임이다. 지역공공도서관의 통합운영은 지방자치단체와 교육청의 합의에 의하여 추진될 수는 있지만, 여기에는 제도적 개선의 전제가 포함된다는 점에서 관련 중앙부처인 행정안전부와 교육과학기술부의 협의가 요구된다. 특히 현행 제도하에서 가장 큰 문제는 지방자치단체로의 이관시 교육공무원의 지방공무원화가 가능한가의 문제가 우선 논의되어야 하고, 다음으로 교육청 소속의 도서관장 직급체계(교육공무원 3~4급)가 지방자치단체 소속 도서관의 관장(5~6급)보다 높게 책정되어 통합시 지방자치단체 전반적인 직급비율 조정 논의가 필요하다는 점에서 어려움이 있다. 또한 재산이관에 따른 협의가 필요하기 때문에 지역공공도서관의 운영체계개선을 위해서는 정책수립주체인 문화체육관광부와 함께, 행정안전부, 교육과학기술부의 지속적인 협의 및 제도개선 노력이 필요하다.

3. 사례분석의 시사점

앞서 각 유형별 사례연구는 지방자치단체가 유사·중복기능에 대하여 어떻게 접근하고, 해결하여 나가야 할 것인가, 그리고 조정과정에서 어떠한 애로사항이 있으며, 이를 해결하기 위한 방안은 무엇인가에 대하여 의미있는 시사점을 제공하여 준다. 우선 유형별 사례분석내용을 종합해 보면 [표 3-12]와 같이 정리해 볼 수 있다.

[표 3-12]에 제시된 각 유형별 사례는 문제제기와 조정적 측면에서 특징적 고려요인을 보여 준다. 첫째, 문제제기와 관련하여 볼 경우 어느 사례나 해당 업무를 직접 수행하고 있는 지방자치단체가 문제제기를 하고 있다는 것이다. 물론 일부 사례의 경우 제3의 중앙부처가 문제를 제기한 경우가 있지만, 이 경우에도 지방자치단체의 문제제기가 선행 내지 동시적으로 이루어진 경우이다. 이 사실은 지방행정의 유사·중복기능문제에 대하여 직접적 집행당사자인 지방자치단체의 문제인지정도가 가장 높다는 점과 함께 유사·중복문제의 발굴 및 해소에 있어 지방자치단체의 역할이 매우 크다는 점을 아울러 보여 준다. 본 연구조사에서 유사·중복문제에 대하여 검토가 필요한 기능으로 25개 기능을 발굴하였지만, 조사대상 및 기간의 확대에 따라 검토대상이 늘어날 가능성은 충분히 존재한다. 결국 이러한 사실은 지방자치단체를

[표 3-12] 유형별 조정사항 비교

구분		유형Ⅰ	유형Ⅱ	유형Ⅲ	유형Ⅳ
사례		기반시설정비	노동조합설립신고	민관협력조직구축	지방공공도서관
관여	중앙	국토해양부	노동부	행정안전부 보건복지가족부	문화체육관광부 행정안전부 교육과학기술부
	지방	기초자치단체	기초자치단체 광역자치단체 지방노동청	기초자치단체	기초자치단체 지방교육청
문제제기		지방자치단체	지방자치단체	지방자치단체 제3기관 (기존 기획예산처)	지방자치단체 제3기관 (기존 문화관광부)
조정	역할	-	조정역할필요	기획예산처	문화체육관광부
	방향	-	특별지방행정기관 조정방향 준용	관여 중앙부처 합의 도출	관여 중앙부처 합의 도출
	결과	-	-	합의지침시행	논의단계

중심으로 상시적으로 유사·중복기능을 찾아내고 조정해 나갈 수 있는 시스템 마련이 필요함을 시사해 준다.

둘째, 지방자치단체 스스로 기능수행체계 개선이 가능한 유형Ⅰ을 제외하고는 제3자에 의한 조정역할이 매우 중요함을 보여 준다. 유형Ⅱ의 경우 대부분의 사례가 특별지방행정기관과 지방자치단체의 관계에서 오는 것으로 중앙권한의 지방이양문제라는 점에서 그러하다. 유형Ⅲ과 유형Ⅳ의 경우는 제3기관이 조정자의 역할을 수행한 사례들로서 유형Ⅲ은 기획재정부(기존 기획예산처), 유형Ⅳ는 문화체육관광부(기존 문화관광부)의 역할 이 그것이다. 그러나 유형Ⅲ의 경우 조정역할이 성공적으로 이루어져 관여 중앙부처간 합의를 이끌어 내었지만, 유형Ⅳ의 경우 논의를 위한 검토에 그친 채 추진이 되지 못하였다. 이러한 사실은 여러 가지 요인에 기인하겠지만, 무엇보다 조정자의 지위 및 조정결과의 구속성 등에 의한 것으로 판단되며, 이는 유사·중복기능문제 해소에 있어 조정시스템 마련의 필요성을 시사해 주는 부분이라고 할 수 있다.

제3절 유사·중복기능의 문제점

1. 진단조정적 측면의 문제점

가. 기능중복에 대한 이해부족

지방자치단체의 기능 유사·중복현상에 대하여 지방자치단체 스스로는 물론이고 중앙적 차원에서도 이에 대한 이해나 관심이 미흡한 실정이다. 먼저 지방적 차원에서 보면 '지방자치단체의 행정기구와 정원기준 등에 관한 규정' 등에서 지방자치단체의 조직운영 효율화를 위하여 유사·중복기능의 해소를 규정하고 있지만, 기능중복을 찾아내기 위한 진단기법이 부재하고, 중복해소를 위한 제도적 절차가 마련되지 않다는 점을 지적할 수 있다. 물론 일부 지방자치단체의 경우 중복기능 해소를 위한 노력을 전개하지만, 대다수의 중복기능이 지방자치단체 내부적으로 조정가능한 사안이 아니라 중앙정부와의 관계속에서 조정되어야 하는 경우가 많아 실효성을 확보하기 어렵다는 것이다. 때문에 조직진단 등을 통하여 지방자치단체 운영의 효율화를 도모하는 경우에도 '기능의 통폐합에 따른 조직기구 개편'이 아니라 '조직기구 설정에 다른 기능의 재배열'에 초점을 두고 있는 경우가 많아, 조직진단을 통한 조직개편의 효과가 반감되는 경우가 많다. 다시 말해 지방자치단체 내에서 중복되거나 불필요한 기능을 정리하지 않은 상태에서의 조직개편은 기능수행주체의 위치이동 이상의 성과를 보여 주지 못한다는 것이다. 또한 조직구성원의 입장에서도 지방행정에 있어 유사·중복기능의 조정필요성을 인식하면서도 조정에 따른 제반 문제, 기능 및 조직통합, 인력재배치 등에 부담을 느껴 조정에 대한 강한 동기요인을 갖지 못하고 있는 실정이다.

다음 중앙적 차원에서도 조직관리지침 등을 통하여 지방행정의 유사·중복기능 해소를 지시하고 있지만, 상당수 유사·중복기능이 중앙정부와의 관계에서 조정이 필요해 지침의 실효성이 크지 못한 실정이다. 특히 앞서 개별사례분석에서도 지적하였듯이 복수의 중앙부처가 관여하는 기능의 경우 양 부처간 이해관계 조정이 쉽지 않은바, 기능중복에 대한 국가전체적 관점에서의 이해가 요구되는 부분이기도 하다.

나. 기능진단절차의 미비

지방행정에 있어 기능중복 및 해소의 문제는 특정 시점에서의 일회성 논의가 아니라 진단, 분석, 조정, 피드백이 지속적으로 순환되는 프로세스적 관점에서의 논의가 필요한 문제이다. 다시 말해 유사·중복기능의 조정을 위한 절차적 장치가 마련되어야 함에도 불구하고 가장 선행적인 진단절차가 지방적 수준에서 거의 이루어지고 있지 못하다는 데 문제가 있다. 이는 앞서 제기한 이해의 부족에 기인하는 경우도 많겠지만, 기능진단을 위한 방법론의 부재에 기인하는 바 역시 적지 않다.

이와 관련하여 최근 일부 지방자치단체가 조직진단을 하면서 유사·중복기능을 발굴하고 이를 해소하기 위하여 노력하고 있는 것은 매우 고무적인 일이다. 다만 이러한 노력에도 불구하고 앞서 논의한 사례유형 중 유형Ⅰ 내지는 중앙관여가 없어 자체적으로 조정가능한 경우에 한정하고 있다는 점은 한계가 아닐 수 없다.

다. 중복기능 해소를 위한 조정장치의 부재

'중복'이라는 용어에서 볼 수 있듯이 지방행정의 유사·중복기능의 문제는 직접적이든 아니면 간접적이든 복수의 주체가 존재함을 알 수 있다. 기능수행은 이와 관련하여 예산, 인력, 조직이 수반되는 만큼 기능의 조정문제는 각각의 주체에게 있어 이해관계의 문제가 발생하게 된다. 이러한 이해관계는 당사자간 협의에 의한 조정을 어렵게 하고, 결과적으로 객관적 입장의 3자적 조정을 필요로 하지만 현재 이러한 장치가 마련되어 있지 않아 유사·

중복기능 해소에 어려움이 있는 실정이다.

라. 조정이후 사후조치 미흡

지방행정에 있어 유사·중복기능의 조정은 작게는 개인적 업무의 통합에서 크게는 조직단위의 통합까지 다양하게 나타난다. 개인적 업무수준에서 통합이 이루어지는 경우 담당자의 업무량 적정성 측면이 문제가 되겠지만, 조직단위의 통합이 이루어지는 경우 이질적 조직의 통합에 따른 다양한 문제가 노정된다. 실례로 유형Ⅰ에서 제시되고 있는 지방자치단체 내 농정부서와 농업기술센터가 중복문제의 경우 일부 지방자치단체에서 통합운영을 하고 있지만, 물리적 통합만 이루어내었을 뿐이다. 그 결과 농업기술센터가 과거 국가조직에서 지방자치단체로 이관된 지 10여년이 흐른 지금까지도 양 집단간 조직문화가 융합되지 못하고 있으며, 심지어 최근에는 국가조직으로의 전환을 요구하는 주장까지 나오고 있는 실정이다. 참고적으로 지방농업기능의 유사·중복 문제 논의현황을 제시하면 [표 3-13]과 같다.

[표 3-13] 지방농업기능의 유사·중복문제 조정과정

□ 유사·중복유형

○ 지방자치단체 농업행정에 있어 유사·중복기능의 조정은 두 단계의 과정을 거치고 있다. 첫째는 유형Ⅱ와 같이 특별지방행정기관으로서 지방자치단체 기능과 중복된 부분을 조정한 것이고, 둘째는 지방자치단체로의 통합이후 유형Ⅰ과 같이 지방자치단체 내부에서 재조정 과정을 거친 경우이다.

□ 유형Ⅱ의 문제 및 해소과정(1990년 초~1996년)

○ 지방농업행정의 경우 1997년 이전에는 지방자치단체에서 해당 지역의 농업정책을 수행하는 외에, 농촌지도업무에 대해서는 농업진흥청 산하의 특별지방행정기관이었던 농촌지도소가 역할을 수행하는 이원적 시스템으로 운영되었다. 그러나 민선단체장 체제로의 전환과 함께 중앙기능인 농촌지도기능의 지방이관에 대한 요구가 증가하였고, 이에 따라 관련 학계의 논의를 거쳐 1994년 중앙기능(농촌지도기능)의 지방이관에 대한 법적 기틀이 마련되고, 1997년부터 농촌지도기능이 지방자치단체 업무로 전환되었다.

○ 농촌지도소의 지방자치단체 이관은 논의단계에서부터 격렬한 찬반이 있었는데, 찬성론자들은 무엇보다 농촌지도업무의 지방자치단체 이관을 통하여 자치시대 지방적 특성을 반영한 농촌행정이 가능하게 됨을 제시한 반면, 반대론의 경우 주로 기존 농촌지도소 관계자들을 중심으로 농촌지도기능의 전문성 약화 및 소멸가능성이 높아질 것이라는 점이 제기되었다.

○ 농촌진흥청 산하 농촌지도업무의 지방자치단체 이관은 찬반논의에서 보는 바와 같이 이해관계에 따라 입장을 달리하는 주체로 인하여 이관전 및 추진과정은 물론, 이관이 완료되고 현재 시점에 이르기까지 논란의 여지를 내포하고 있는 실정이다.

○ 농촌진흥청 산하 농촌지도소업무의 이관은 1990년대 초반 찬반논의 과정을 거쳐 1994년 '지방자치단체에두는국가공무원의정원에관한법률' 개정안이 국무회의에 상정되고 국회의결을 거침에 따라 이관을 위한 법적 근거가 마련되었는데, 그 주요내용은 농촌진흥청의 농촌지도기능을 지방자치단체로 이관하면서, 도 농촌진흥원 소속의 179명만 국가직으로 존치하고 시군 농촌지도소 소속의 지도직공무원 전원을 지방직으로 전환한다는 것이었다(지방직으로 전환된 전체 인력규모는 7,324명으로 농촌지도관 504명, 농촌지도사 5,492명, 생활지도사 700명, 농업연구사 628명임).

□ 유형Ⅰ의 문제 및 해소과정(1997년~현재)

○ 농촌지도 기능이 지방자치단체로 이관되면서, 종래의 농촌지도소가 농업기술센터로 명칭변경되었고, 조직의 법적 지위는 직속기관으로 하였다(지방자치법 113조 '직속기관', 농촌진흥법 제3조 '지방농촌진흥기관').

○ 그러나 농촌지도기능의 지방이관에도 불구하고 직속기관으로 설치·운영되는 농촌지도기능과 기존 지방자치단체가 수행해 오던 농업행정기능이 별개로 운영되어, 지방자치단체 내부에서 유사·중복의 문제가 여전히 상존함은 물론, 지방자치단체 농업조직 내부적으로 농정직과 지도직간 갈등적 요소로 작용하고 있는 것이 현실이다.

○ 이러한 문제 때문에 일부 지방자치단체는 양 조직을 물리적으로 통합하여 유사·중복문제를 해소하려고 노력하고 있으나, 양 조직간 누적되어 온 갈등요인과 상이한 조직문화적 특성으로 인하여 통합의 효과를 실효성있게 얻지 못하고 있는 것이 현재 지방자치단체 농업행정의 현실이다.

○ 이와 더불어 일부 정치권의 지도직 공무원의 지방직화에 대한 문제점 제기 및 센터 소장직의 국가직 환원검토(2007 국정감사), 한국농촌지도자중앙회 등 관련단체의 지방직 농촌지도공무원의 국가직 환원 등을 골자로 하는 법률제정 추진과 같이 통합과정을 다시 되돌리려는 움직임도 있는바, 통합후의 조직문화 통합 등 사후적 조치과정의 중요성을 보여 주는 사례라고 할 수 있다.

---

2. 행정비용적 측면의 문제점

가. 행정비용의 낭비

지방행정의 기능이 다수기관 또는 기구에 의하여 중복 수행됨으로써 발생되는 행정비용적 측면의 문제는 매우 다양한 측면

[그림 3-6] 행정비용의 낭비 구조

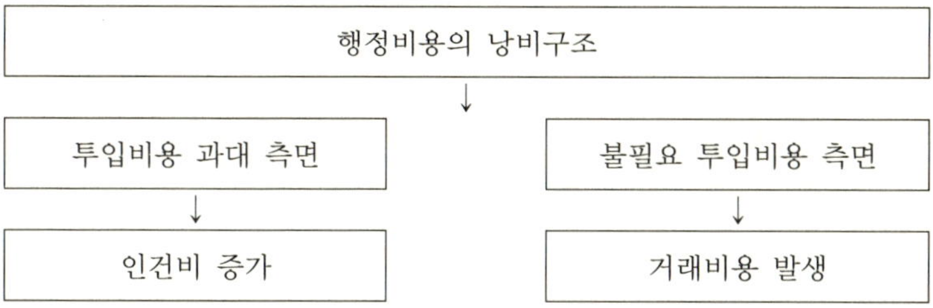

에서 지적될 수 있다. 물론 여기에서의 행정비용은 당해 행정기능을 처리하기 위하여 요청되는 투입비용을 의미한다. 따라서 해당 서비스를 이용하는 수요자의 접근비용이나 편익은 행정비용에서 제외된다. 행정서비스가 일반적으로 고용집약적 특성을 지니고 있다는 점을 감안한다면, 특정의 행정서비스를 생산하기 위한 투입비용은 일반적으로 두 가지 구조로 구분하여 접근할 수 있다. 하나는 투입비용의 과다측면으로 인건비의 증가를 들 수 있고, 다른 하나는 불필요한 투입의 측면으로 다수 기관간 동일기능의 처리를 위한 협의·보고·감독 등에 소요되는 거래비용[4]의 발생을 들 수 있다.

우선, 지방행정의 중복수행에 따른 직접적이고, 가시적인 행정비용으로는 인건비의 증가를 지적할 수 있다. 유사 또는 동일기능의 기구간 및 기관간 분리 배치는 각 기구 및 기관에 해당기능

4) 행정기능의 중복수행에 따른 비용에서 경유비용을 거래비용에서 분리하여 별도로 논의하는 경우도 있으나(최영출, 2008: 41), 양자는 모두 동일기능을 다수 기관에서 분리 수행할 경우에 발생되는 행정비용으로 여기에서는 통합된 개념으로 간주한다.

을 수행하기 위한 인력이 별도로 배정되어야 한다. 이처럼 해당기능을 수행하기 위한 인력이 기구간 및 기관간에 각각 배치되는 것은 통합수행 시에 필요한 인력투입량을 초과하는 현상을 필연적으로 초래하게 된다. 결국, 해당기능의 수행에 필요한 인력투입량을 초과하는 수준만큼 인력의 중복배치가 초래되고, 그에 따른 인건비의 낭비가 수반된다. 물론 해당기능의 처리에 다수의 인력이 필요하고, 이를 기구간 또는 기관간 적정 업무량으로 분담하고, 그에 따라 필요인력의 분리배치가 매우 규범적으로 이루어졌다면, 논리적으로는 인력의 잉여분이 발생되지 않을 수도 있다. 그러나 이는 현실적으로 담보되지 않는 논리구조에 불과하고, 동일기능이 중복수행될 경우에는 인력의 초과분이 발생되는 것이 일반적이다.

다음, 지방행정의 중복수행은 불필요한 행정비용을 수반케 하는 것이 또다른 문제점이다. 여기에서의 불필요한 행정비용은 기능의 수행방법에 따라서는 발생되지 않을 수도 있는 행정비용을 의미한다. 예를 들면, 특정의 동일한 기능을 단일기구 또는 기관이 처리한다면, 부가적으로 파생되지 않을 비용이 다수의 기구 또는 기관에 의하여 처리될 경우에 발생되는 비용들을 말한다. 이러한 비용의 대표적인 것이 거래비용이다. 거래비용은 특정의 기능을 처리하기 위하여 다수의 기관간에 협의, 보고 및 감독 등의 행정활동들이 이루어지면서 발생되는 비용을 말한다. 앞의 실태분석에서도 지적되었지만, 지방행정의 중복현상은 단일 지방자치단체 내에서 그리고 외부기관과의 관계에서 다양한 형태의 중복현상이 나타나고 있다. 이처럼 동일한 기능이 다수의 기구 또는 기관간에 중복처리될 경우에는 기능의 원활한 처리를 위하여 기구 또는 기관간에 상호 협의나 문서를 통한 보고 및 지시 그리고 처리결과에 대한 감독이 필연적으로 수반되게 된다. 이처럼 기구 또는 기관간에 발생되는 대면 또는 문서의 거래를 통한 비용은 지방행정의 중복수행에 따라 비로소 발생되는 비용으로 중복수행이 아닐 경우에는 당초부터 불필요한 비용이라는 것이다.

나. 지방행정의 업무과부하

지방행정의 중복수행에 따른 문제점의 또다른 하나로는 각 행정기관별 업무의 과부하를 초래한다는 점이다. 여기에서의 과부하는 엄밀한 의미에서의 인력단위당 과도한 부과업무량을 말하기보다는 불필요한 추가적인 업무를 부과한다는 뜻으로 규정하고자 한다. 지방행정에 부과된 총 업무량을 100으로 본다면, 특정기능의 중복수행이 나타나지 않을 경우에는 총 업무량이 100 그대로 된다. 그러나 특정기능이 중복수행될 경우에는 중복수행하는 기구 또는 기관의 수만큼 업무량은 증가하게 된다. 따라서 지방행정의 총 업무량은 본래의 100과 특정기능의 중복수행으로 추가된 nα만큼 증가하게 되는 것이다. 예를 들면, 앞의 실태분석에서 기술한 것처럼 정비기반시설의 설치와 기반시설의 설치가 해당 지방자치단체 내의 공간적 차이를 제외한다면, 동일한 기능으로 간주할 수 있다. 그런데, 이처럼 동일한 기능이 기구를 달리하여 중복수행되면, 다른 한 기구는 추가적으로 그 업무를 수행하는 결과로 나타난다. 이는 해당 지방자치단체의 총 업무량을 중복수행하지 않았을 경우 100에서 중복수행되는 업무량인 α가 추가되어 결

[그림 3-7] 업무과부하 구조

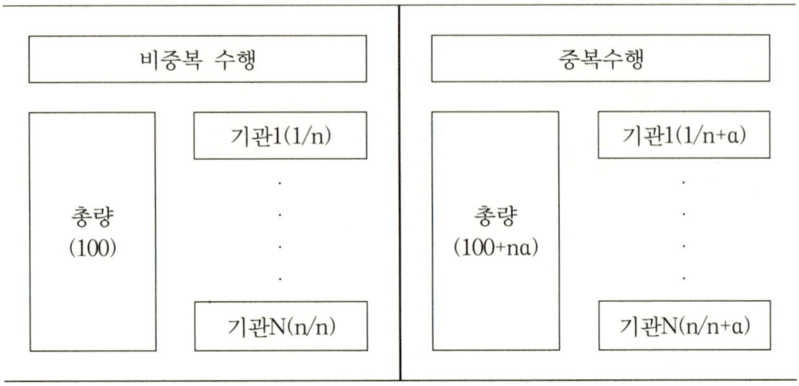

과적으로 100+α로 결정된다는 것을 의미한다. 만일 이러한 중복수행이 다수의 기능에서 나타날 경우에는 지방행정을 수행하는 각 행정기관들에게 업무과부하 현상을 초래하게 된다.

다. 민원인 불편초래

지방행정의 중복수행에서 나타나는 다른 하나의 문제점은 해당기능을 이용하는 민원인의 불편을 야기한다는 것이다. 민원인의 불편은 해당 기능의 이용을 위한 투입비용 측면과 편익 측면으로 구분하여 살펴볼 수 있다. 투입비용 측면에서는 접근비용의 증가현상을 지적할 수 있고, 편익측면에서는 혼선에 따른 민원인의 불만을 들 수 있다.

[그림 3-8] 민원인의 불편양태

민원인의 불편

↓

투입비용 측면 → 접근비용 증가

편익측면 → 혼선에 따른 불만

우선, 투입비용 측면에서 제기되는 접근비용의 증가이다. 특정기능을 다수의 기구 또는 기관이 중복 수행한다는 것은 민원인 입장에서 동일민원을 다수의 기구 또는 기관에서 처리할 수 있다는 것을 의미한다. 뿐만 아니라 민원인이 특정기능에 관련된 민원처리의 기구 또는 기관에 대한 명확한 인지를 갖지 못한다는 것을 뜻하기도 한다. 이와 같은 현상은 결과적으로 민원인이 특정기능에 관련된 민원처리를 위하여 다수의 기구 또는 기관을 방문할 개연성을 높이게 된다. 따라서 특정기능에 관련된 민원처리를 위하여 민원인이 다수의 기구 또는 기관을 방문하는 만큼의 접근비용은 증가하게 된다.

다음, 편익측면에서는 민원처리기관의 혼선에 따른 민원인의 불편초래이다. 이 문제는 전술한 접근비용의 증가와 연계된 것으로 특정기능을 단일의 기구 또는 기관이 처리하는 것보다 다수의 기구 또는 기관이 처리할 경우 필연적으로 발생되는 것이다. 즉, 특정기능을 다수의 기구 또는 기관이 중복적으로 처리할 경우 민원인 입장에서는 어느 기관을 방문해야 자신의 민원을 완결 처리할 수 있을지에 대해 정확한 판단을 내리기가 어렵다. 특히, 대표적인 사례가 지방자치단체와 특별지방행정기관간에 나타나는 중복수행의 경우이다. 일반적으로 지방자치단체와 특별지방행정기관에 중복현상이 존재할 경우 민원인인 다수의 지역주민들은 해당민원의 처리가 지방자치단체에서 완결 처리가 되는 것으로 간주하는 경향이 있다.

제4장

지방행정 유사·중복기능 개선방안

제1절 기본방향

중복기능의 조정작업과 관련한 개선작업은 앞서 문제점에서 시사하는 바와 같이 크게 두 가지 방향에서의 접근이 요구된다. 이러한 방향모색은 단순히 본 연구조사결과에서 나타난 중복사례만을 대상으로 하는 것이 아니라 유사·중복의 문제를 가지는 기능 전체에 대하여 상시적·지속적인 대응시스템을 마련하기 위함이다. 두 가지 접근방향은 내부적 조정과정에 대한 부분과 외부적 조정관여에 관한 것으로 전자는 프로세스별 역할재정립이 필요하다는 것이고, 후자는 조정결과를 담보할 조정기구의 설치가 필요하다는 것이다.

첫째, 내부적 조정과정과 관련하여 기능중복의 조정문제는 문제의 발견에서 사후조치까지 일련의 프로세스적 관점에서의 접근을 요구한다. 이것은 앞서 사례와 문제점에서도 본 바와 같이 기능중복의 문제가 유사·중복적 기능을 찾아내는 것은 물론, 이에 대한 조정과정을 거쳐, 사후적 조치까지 완료하여야 기능중복 해소의 실효성을 담보할 수 있기 때문이다.

둘째, 기능중복의 경우 기능수행이나 관여에 중복적 주체가 있는 만큼 이들 주체에 대한 조정작업을 수행할 수 있는 장치의 마련이 필수적이다. 물론 앞서 사례에서 본 바와 같이 여타의 부처가 제3자적 입장에서 조정자의 역할을 수행한 사례가 있지만, 일회적 역할과 결정내용의 구속력 문제로 인하여 조정결과를 얻지 못하거나, 조정결과를 얻어내는 데 장시간이 소요되기 때문이다.

[그림 4-1] 유사·중복기능 개선의 기본방향

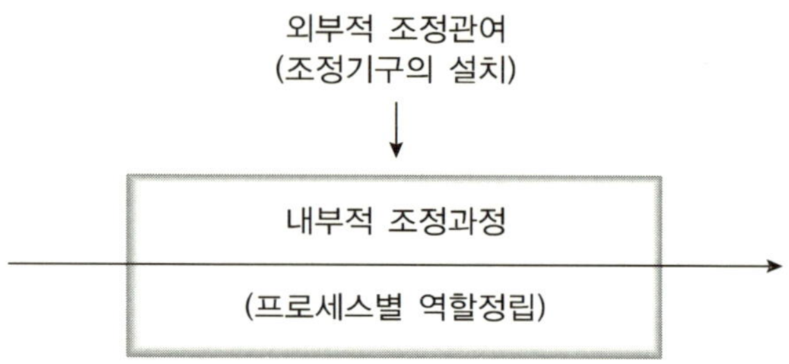

제2절 유사·중복기능 개선방안

1. 중복기능 진단체계의 마련

가. 행정안전부의 진단환경 조성

1) 지방자치단체 조직개편지침의 방향 보완

지방자치단체의 조직 및 기능조정과 관련하여 주요한 기준이 되는 것이 행정안전부의 지방자치단체 조직개편지침이다. 이 지침의 경우 지방자치단체의 조직과 인력운영에 있어 적정성을 유지하기 위한 기본 토대로 작용하여 왔다는 점에서는 긍정적 효과를 가지지만, 주로 인력적 측면(일정비율의 인력감축)과 인위적인 조직구조 개편(대국대과제, 동통합 등)에 초점이 맞추어져 지방자치단체 조직운영에 있어 부분적으로 경직성을 가져온 측면 또한 없지 않다. 이러한 방법은 단기적으로는 가시적인 성과를 볼지 몰라도 장기적인 측면에서 보면 인력의 재충원, 조직기구의 반복적인 설치·폐지 등 다수의 부작용을 노정하고 있는바, 지방자치단체에 대한 조직관리 방향이 인력이나 기구적 관점이 아닌 기능적 관점으로의 변화가 필요함을 알 수 있다. 물론 현재도 기능중복의 해소를 조직개편지침에 담고 있지만, 기구나 인력에 대한 부분이 구체성을 가지고 제시되는 것에 비하여, 기능부분의 경우 "소관업무를 원점에서 재검토, 불필요한 업무·규제 우선적 폐지"라고 원칙론적으로만 제시되어 지방자치단체의 입장에서 이를 추진해 나가기 쉽지 않은 것이 현실이다. 따라서 기능적인 내용 역시 보다 구체적인 예시를 통하여 지방자치단체가 기능적 변화를 모색할 수 있도록 지침의 내용이 보완될 필요가 있다. 기능의 변화가 없는 조직기구의 개편이나 인력의 절감은 앞서 지적한 바와 같이 장기적으로 기구개편과 인력충원·감축의 반복을 가져오는 근본적인 원인이 되기 때문이다.

2) 유사·중복기능 수행관련 비교장치의 제공

지방자치단체의 조직관리상황, 특히 기능수행을 상호간 비교해 볼 수 있는 장치의 마련이 필요하다. 이러한 장치의 마련은 지방자치단체의 입장에서는 효율적으로 기능수행을 하는 지방자치단체를 벤치마킹해 봄으로써 당해 지방자치단체 기능재조정을 위한 시사점을 얻을 수 있다는 점에서 중요하기 때문이다. 나아가 지방의회나 시민(단체)의 입장에서도 지방자치단체 상호간 비교를 통해 당해 지방자치단체의 효율적 행정운영을 감시하고 조정을 요구할 근거자료를 확보할 수 있다는 측면에서 중요성을 가진다.

이와 같은 비교장치를 제공하기 위해서는 기본적으로 현재 일부 지방자치단체에서 시범적으로 추진중에 있는 BRM의 조기정착을 지원하는 한편, 지방자치단체들간에 기능조정 우수사례를 확인하고 비교해 볼 수 있는 공시방안의 마련이 필요하다.

나. 지방자치단체내 중복기능 진단의 제도화

1) 중복기능에 대한 직원제안제도의 활성화

지방자치단체의 유사·중복적 기능에 대해서는 법조문의 판단 등을 통해 문제에 접근할 수도 있지만, 가장 실효성있는 방법은 해당 기능을 직접 수행하면서 문제점을 누구보다도 가장 잘 알고 있는 지방자치단체 내에서 공무원을 통해 찾아내는 것이다. 실제 지방자치단체의 공무원들은 어느 부분에서 유사·중복의 문제가 있고, 이를 해결하기 위하여 어떠한 방향으로의 노력이 필요한가에 대하여 많은 아이디어를 가지고 있지만, 기존에 구조화된 기능수행의 틀 속에 순응하여 생활하고 있는 경우가 대부분이다. 따라서 이들이 가지고 있는 문제인식과 아이디어를 이끌어 내기 위한 지방자치단체의 노력이 요구되며, 이를 위하여 직원제안제도의 활성화는 유효한 방법이 될 수 있을 것이다.

다만 직원제안제도를 통한 유사·중복기능의 발굴이 효과를 얻기 위해서는 직원제안이 1회성으로 그치지 않게 여타의 방안들이 동시적으로 고려되어야 하고, 기능조정을 통한 경제적 효과가 일정비율 제안자에게 인센티브로 주어질 수 있도록 관련규정이 마련되어야 한다. 이를 위하여 가장 우선적으로 필요한 것이 유사·중복기능의 해소와 관련한 공식적인 아이디어 시스템을 갖추는 것이다. 이는 별도의 조직을 설치하여야 한다는 것이 아니라 기존 총무나 혁신관련 조직을 활용하여 직원의 제안 아이디어가 공식적으로 처리되는 프로세스를 만들어야 한다는 것이다. 물론 조직의 구조와 형식적인 절차가 아이디어의 자유로운 흐름을 방해한다는 주장이 있는 것은 사실이지만, Robinson과 Schroeder (2004)가 적절히 지적하고 있는 바와 같이 시스템이 없으면 아이디어는 일시적이고 임시적으로 처리되며, 종국적으로 형식화되어진다는 점을 상기할 필요가 있다. 나아가 중복기능해소를 위한 우수제안에 대해서는 수행주체들이 참여하는 워크숍 등을 통하여 제안내용 및 실행방안을 구체화하여야 한다.

2) 지방자치단체간 협력체계 구축

유사·중복기능의 문제 중 특히 중앙정부가 관여하는 기능의 경우 단일 지방자치단체의 조정노력으로 실질적인 효과를 얻기 어려운 측면이 있다. 따라서 동일한 문제인식을 가지고 있는 지방자치단체들이 협력관계를 구축하여, 공동대응을 통한 조정요구를 할 필요가 있다. 이를 위하여 현재 만들어져 있는 단체장협의회 등을 활용하여 유사·중복문제의 조정을 공동건의하고 후속조치를 모색하는 것도 한 방법이 될 수 있을 것이다.

2. 중복기능 조정장치의 구축

가. 필 요 성

지방행정의 유사 및 중복기능의 해소를 위한 대안의 하나로는 중복기능을 조정하기 위한 상설기구를 설치하는 것이다. 중복기능의 해소를 위해 조정장치를 설치하는 것은 다음과 같은 필요성 때문이다.

우선, 중복기능에 대한 체계적인 해소를 담보하기 위함이다. 지방행정의 중복기능은 전술한 바와 같이 매우 다양한 유형으로 존재할 뿐만 아니라 다수의 기관에서 나타나고 있다. 따라서 이를 해소하기 위해서는 정확한 실태의 진단과 그에 따른 유형별 해소방안이 제시되고, 또한 집행되어야 한다. 그런데, 여기에는 매우 다양한 이해관계자가 관련되어 있기 때문에 일회적이거나 획일적인 대안 제시로는 설득력이 없을 뿐만 아니라 집행력을 담보하기도 어렵다. 따라서 지방행정의 중복기능을 해소하기 위한 합리적이고 체계적인 대안을 마련하고, 집행하기 위해서는 이를 전담하는 조정장치가 구축될 필요가 있다.

다음, 자율적인 해소방법의 한계를 보완하기 위함이다. 전술한 바와 같이 지방행정의 유사 및 중복기능의 실태를 파악하면, 그 결과에 대한 해결은 두 가지 측면에서 접근하는 것이 고려될 수 있다. 하나는 자율적인 해소방법이고, 다른 하나는 외부의 조정기구에 의한 조정이다. 자율적인 해소방법은 특정기능에 대하여 중복수행하는 기관 상호간에 협의를 통하여 자율적으로 중복현상을 해소하는 방법으로 가장 최선의 방법이긴 하다. 그런데, 유형Ⅰ에 해당하는 유사 및 중복기능을 제외하고는 대체적으로 관련법률 등에 의하여 지방자치단체가 자체적으로 해소하기 곤란하다. 이와 같은 점들을 감안한다면, 지방행정의 유사 및 중복기능의 해소를 위한 적정기제로 조정기구를 설치하는 것이 바람직하다.

나. 설치방향

지방행정의 중복기능을 해소하기 위한 대안의 하나로 조정기구를 설치할 경우 어떠한 유형의 기구를 설치하는 것이 보다 타당한 것인지에 대한 검토가 필요하다. 이에 대해서는 크게 기구의 유형, 형태 및 지위 등이 합리적으로 검토되어야 한다.

우선, 조정기구의 유형은 크게 위원회형과 독임형을 고려할 수 있다. 위원회형은 중복기능의 관련기관들의 요구를 균형 있게 반영할 수 있고, 독임형은 신속한 의사결정에 유리하다. 지방행정의 중복기능을 해소하는 것은 다수의 이해관계자들의 의견을 충분히 수렴할 뿐만 아니라 다양한 분야의 기능에 대한 이해가 필요하다는 점을 고려하면 위원회형이 바람직하다.

다음, 조정기구의 형태는 크게 상설기구와 임시기구의 두 가지를 고려할 수 있다. 상설기구는 관장사무가 지속적으로 발생되거나 또는 유지될 경우에 적합하고, 임시기구는 한시적 사무를 관장하기에 적합한 기구형태이다. 지방행정의 중복기능은 단기간에 해소되기 어렵고, 또한 새로운 업무가 발생될 경우 다시 중복배정이 이루어질 개연성이 있기 때문에 상당기간 상설기구의 형태로 설치하는 것이 타당하다.

마지막, 조정기구의 지위는 관련기관과 동급의 지위를 부여하거나 상위의 지위를 부여하는 방안을 고려할 수 있다. 중복기능의 조정기구는 일종의 분쟁조정기능을 수행하는 것으로 판단할 수 있는바, 이러한 경우는 분쟁관련 기관보다 상위의 지위를 갖는 것이 조정력의 실행에 유리하다. 따라서 지방행정의 중복기능의 이해관계기관들 중에서 가장 상위의 기관들이 중앙부처인 까닭에 조정기구의 지위는 최소 국무총리실 산하의 위원회로 설치되는 것이 바람직하다.

[표 4-1] 조정기구의 설치방향

구 분	내 용
기구유형	■ 위원회형
기구형태	■ 상설기구
기구지위	■ 국무총리실 산하

다. 설치방안

1) 기구신설 방안

지방행정의 유사 및 중복기능의 조정을 위한 기구설치는 다음과 같이 설계한다. 우선, 조정기구의 명칭은 (가칭)지방행정중복기능조정위원회로 하고, 소속은 국무총리실 산하에 둔다. 동 기구를 국무총리실 산하의 위원회로 설치하는 것은 원활한 조정을 담보하기 위해서이다. 물론 관련법률의 제정을 통해 구속력을 확보하게 되겠지만, 다수의 유사 및 중복기능이 중앙정부의 각 부처와 관련되어 있기 때문에 원활한 조정을 위해서는 조정기구를 차상위 기관인 국무총리실 산하에 두는 것이 바람직하다. 조정기구의 구성은 위원장을 포함한 10명 이내의 위원으로 구성하고, 위원장은 국무총리실 국무조정실장이 되고, 당연직 위원은 행정안전부 차관을 비롯하여 관련부처의 차관으로 하며, 위촉직 위원은 관련분야의 교수, 연구원 등 유사 및 중복기능에 관한 학식이 풍부한 자 중에서 위촉한다. 위원의 선임방법은 국무총리의 제청으로 대통령이 위촉 또는 임명한다. 동 위원회의 기능은 유사 · 중복업무의 판단, 유사 · 중복업무 조정에 관한 심의 및 의결, 유사 · 중복

업무의 조정결과에 대한 보고 청취, 기타 유사 · 중복업무 조정에 필요한 사항 등을 수행하는 것으로 한다. 그리고 지방행정의 유사 및 중복기능의 실질적인 해소를 위해서는 동 위원회의 결정사항을 관련 중앙부처 및 지방자치단체가 충분히 수용할 때 가능하다. 따라서 이처럼 동 위원회의 결정사항에 대한 수용성을 높이기 위해서는 적절한 구속장치가 마련되어야 한다. 이를 위해서는 지방행정의 유사 및 중복기능 조정을 위한 법률을 제정하고, 동 법률 내용에 결정사항의 권고가 아닌 강제조항이 명기될 필요가 있다.

[표 4-2] 조정기구의 설치방안

구 분	내 용
명 칭	■ (가칭)지방행정중복기능조정위원회
소 속	■ 국무총리실
구 성	■ 위원장을 포함한 10명 이내의 위원
자 격	■ 자 격 - 위원장 : 국무총리실 국무조정실장 - 당연직 위원 : 행정안전부 차관 및 관련부처 차관 - 위촉직 위원 : 관련분야 교수, 연구원 등
선 임	■ 국무총리의 제청으로 대통령이 임명
기 능	■ 기 능 - 유사 · 중복기능의 판단 - 유사 · 중복기능 조정에 관한 심의 및 의결 - 유사 · 중복기능의 조정결과에 대한 보고청취 - 기타 유사 · 중복기능의 조정에 필요한 사항
결정구속장치	■ 관련법률의 제정과 강제규정을 법률에 포함

한편, 지방행정의 유사 및 중복기능의 효율적인 해소를 위하여 전술한 (가칭)지방행정중복기능조정위원회의 밑에 실무협의회를 두어 운영할 필요가 있다. (가칭)지방기능조정실무협의회는 지방자치를 총괄하는 행정안전부 산하에 두되, 지방자치단체 조직관리부서의 담당과장이 주관을 하고, 일부 관계전문가를 위원으로 위촉하여 구성하는 것이 바람직하다. 동 실무협의회는 상시적으로 지방행정의 중복기능을 진단하고, 그 결과를 토대로 (가칭)지방행정중복기능조정위원회에 상정하기 위한 기초자료를 작성하는 역할을 수행한다.

2) 기존기구 활용방안

지방행정의 중복기능을 해소하기 위한 조정장치로 전술한 바와 같이 새로 기구를 신설하는 방안 이외에 기존기구를 활용하는 방안도 검토할 수 있다. 기존기구를 활용하는 방안은 「지방분권촉진에 관한 특별법」에 근거하여 설치된 "지방분권촉진위원회"를 활용하는 것이다.

"지방분권촉진위원회"는 기존의 "지방이양추진위원회"를 대체하여 설치된 기구로 지방분권 추진과제의 종합적, 체계적 및 계획적 추진을 관장하기 위하여 설치된 기구이다. 동 기구는 위원장을 포함한 10인 이내의 위원으로 구성하며, 위원회의 업무를 효율적으로 지원하기 위하여 실무위원회를 두고 있다. 또한 동 위원회는 ① 지방분권의 기본방향의 설정 및 추진계획의 수립에 관한 사항, ② 지방분권 추진과제의 추진에 관한 사항, ③ 지방분권 추진일정의 세부적인 계획수립 및 시행방안의 마련에 관한 사항, ④

[그림 4-2] 지방이양추진절차

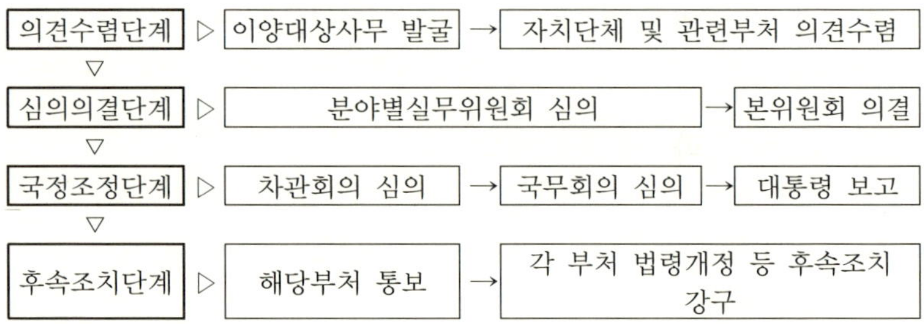

앞의 제반사항의 점검 및 평가에 관한 사항, ⑤ 그 밖에 위원장이 부의하는 사항을 심의 및 의결하는 기능을 가지고 있다. 그리고 지방분권 추진과제의 지방이양을 위하여 다음과 같은 절차를 거치고 있다. 즉, 이양대상사무의 발굴을 위한 의견수렴단계와 위원회의 심의·의결단계, 정부 내의 조정단계 그리고 결정사항의 이행을 위한 후속조치단계를 거쳐 최종적으로 대상사무의 지방이양을 확보한다.

이처럼 "지방분권촉진위원회"는 중앙정부와 지방자치단체간 사무의 적정배분 특히, 중앙정부의 사무를 지방자치단체에 이양하기 위한 기능을 본질로 한다. 따라서 행정기관간 사무의 적정배분을 통해 중복현상을 해소하기 위한 기능 역시 현재 "지방분권촉진위원회"의 기능과 크게 다르지 않다. 이러한 점들을 감안한다면, 전술한 바와 같이 새로이 기구를 신설하기보다는 지방행정의 중복현상을 해소하기 위한 기능을 기존의 "지방분권촉진위원회"에 부여하여 지방분권업무와 중복사무 해소를 동시에 추진토록 하는 것도 검토할 필요가 있다. 이 경우에는 현행의 "지방분권촉진위원회"의 기능에 지방행정의 중복사무 실태분석과 그에 따른 해소기능을 추가하는 법령개정을 도모함으로써 가능하다.

3. 조정결과 사후조치의 마련

가. 조직통합의 매뉴얼 및 컨설팅 제공

유사·중복기능의 통합(일부의 경우 조직단위 통합)은 많은 경우 단순히 통합으로 모든 문제가 해결되는 것이 아니라 통합의 유효성을 확보하기 위한 노력, 즉 사후적으로 조직통합의 문제에 대한 고려가 요구된다. 유사·중복기능임에도 불구하고 장기간 이질적인 주체에 의하여 수행되어 온 경우 물리적인 통합은 가능해도 조직구성원간 화학적 통합에 어려움을 겪고 있는 경우가 많기 때문이다. 일례로 1997년 지방자치단체의 농정기능과 농업진흥청 산하의 농촌지도기능(현재 농업기술센터)을 통합운영하기 위하여 농업지도기능을 지방자치단체에 이관하였지만, 일부 지방자치단체를 제외한 상당수 지방자치단체에서 농정기능과 농촌지도기능이 여전히 이원적으로 운영되고 있으며, 정치권(2007년 국정감사)이나 농업관련단체를 통하여 이전형태로의 환원주장이 제기되고 있는 실정이다.

따라서 지방자치단체와 외부공공기관간의 중복현상을 실질적으로 해소하기 위해서는 기구 또는 기관통합이라는 물리적 통합뿐만 아니라 인력의 융화인 화학적 통합까지도 고려할 필요가 있는 것이다. 이러한 측면에서 지방행정의 중복현상을 해소하는 과정이 실태의 진단과 그 결과에 기초한 통합결정에 그치는 것이 아니라 통합의 효과가 확보되는 수준까지 지속적인 관심과 대책이 수반되어야 한다. 이를 위해서는 전술한 조정기구에서 통합의 지침과 동시에 물리적인 통합의 방법 및 화학적인 인력의 융화에 필요한 구체적인 매뉴얼을 작성 및 배포하고, 나아가 수요기관에 대해서는 적절한 컨설팅을 제공하는 노력이 요청된다. 여기에서 주목되는 것이 현재 추진중인 특별지방행정기관의 정비작업에 나타나는 결과일 것이다. 특별지방행정기관의 정비작업이 커다란 문제없이 순조롭게 정착될 경우 제반추진과정을 여타의 지방행정 중복기능 해소에 적용하는 것도 고려할 수 있을 것이다.

나. 우수사례 인센티브 제공

사후조치의 하나로 필요한 또다른 것은 대상기관에 대한 유인력을 확보하는 것이다. 대부분의 제도가 마찬가지겠지만, 제도 자체의 필요성과 효용성에 대한 인식과 수용은 차별적이다. 특히, 제도에 대한 필요성과 효용성을 낮게 인식하게 되면 그만큼 수용성은 저하되고, 따라서 제도 자체의 효과는 현실적으로 구현되지 못한다. 이와 같은 문제점을 해소하기 위해서는 제도활용을 적극화하기 위한 다양한 유인책이 마련될 필요가 있다. 지방행정의 중복기능을 해소하기 위한 유인책으로는 소극적 유인과 적극적 유인으로 구분하여 접근할 수 있다.

우선, 소극적 유인책은 외부적 강제에 의해 일정수준의 제도시행을 담보하는 방법이다. 소극적 유인은 내부의 적극적인 동인을 최대한 발휘케 하는 수준까지는 도달하지 못한다. 이러한 의미에서 활용할 수 있는 유인책으로는 전술한 진단결과를 공시케 하는 방법이다. 진단결과의 공시로 상호비교가 가능하고, 이를 통해서 상대적인 비교열위를 회피하기 위한 대상기관들의 일정수준의 노력을 견인할 수 있다. 예를 들면, 진단결과가 공시되는 경우 중복기능에 따른 행정의 비효율성에 대해 해당 지방자치단체의 지방의회 또는 시민단체 등에서 상당한 비판이 가해지고, 이에 따라 중복기능을 해소하려는 보다 적극적인 노력이 수반될 가능성이 높다.

한편, 적극적인 유인책은 내부의 자발적인 노력에 의해 제도 시행의 효과를 최적화하는 방법이다. 적극적 유인은 전술한 소극적 유인과 달리 자발적인 동인에 기초하기 때문에 그 효용이 매우 높다는 특징이 있다. 이러한 의미에서 활용할 수 있는 유인책으로는 성과에 대해 상응하는 인센티브를 부여하는 방법이다. 인센티브의 수단으로는 중앙정부에서 지원할 수 있는 다양한 지원책이 있지만, 지방자치단체에서 가장 매력을 가질 수 있는 지원책은 결국, 인력과 재원의 확보에 관한 것이다. 따라서 결과공시와 더불어서 진단결과 우수사례에 대해서는 총액인건비와 교부금 산정에서 가점을 주는 방법이 가장 효과가 높을 것이다.

이상과 같은 개선안을 통하여 지방행정에 있어 유사·중복기능 개선을 위한 협력시스템을 구축하는 경우 [그림 4-3]에서 보는 바와 같이 '기능수행의 당사자'로서의 지방자치단체, '기능통합의 정책적 지원자'로서의 행정안전부, '중복기능의 조정자'(기존 기구 활용 또는 신설 기구 모색) 3자간 역할정립 및 협력관계를 나타낼 수 있을 것이다.

[그림 4-3] 지방행정 유사·중복기능 조정체계

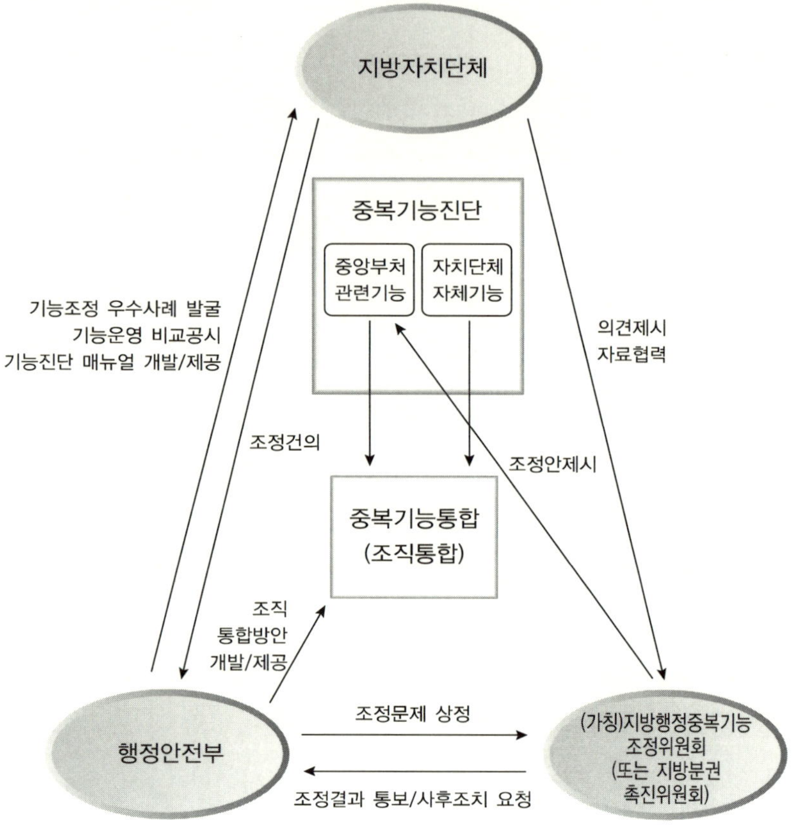

제 5 장

요약 및 정책건의

본 연구는 이명박 정부가 설정하고 있는 "작고 효율적인 정부"를 위해서는 무엇보다 행정기능에 대한 검토가 우선되어야 하며, 이를 위한 가장 선행적 작업으로 유사·중복기능문제의 해소방안 마련이 필요하다는 문제인식에서 출발한다. 이에 따라 본 연구에서는 지방자치단체에서 이루어지고 있는 기능을 대상으로 다양한 유형의 유사·중복적 측면을 찾아내고, 주요 사례를 중심으로 문제점을 분석함으로써, 지방행정에 있어서 유사·중복기능의 문제해결을 위한 제반 방안을 제안하는 데 목적을 두고 있다.

우선 지방자치단체의 유사·중복기능을 지방적 단위에서의 관여기관 여부와 중앙적 단위에서의 관여기관 여부에 따라 4가지 유형, 즉 유형Ⅰ(단일 지방기관 - 단일 중앙관여기관), 유형Ⅱ(복수 지방기관 - 단일 중앙관여기관), 유형Ⅲ(단일 지방기관 - 복수 중앙관여기관), 유형Ⅳ(복수 지방기관 - 복수 중앙관여기관)로 나누고 사례지역을 조사한 결과 총 25개의 유사·중복기능을 찾아낼 수 있었다. 이들 유사·중복기능에 대하여 유형별 대표사례를 선정, 보다 구체적인 검토과정을 통하여 지방행정에서의 유사·중복기능개선과 관련한 문제점 및 개선을 위한 시사점을 제시하였다.

지방행정에 있어 유사·중복기능수행의 문제점으로는 크게 진단조정적 측면의 문제점과 행정비용적 측면의 문제점으로 나누어 볼 수 있는데, 첫째 진단조정적 측면의 경우 지방자치단체의 기능 유사·중복현상에 대하여 지방자치단체 스스로는 물론이고 중앙적 차원에서도 이에 대한 이해나 관심이 미흡하다는 점과 함께 기능진단절차의 미비, 중복기능 해소를 위한 조정장치의 부재, 조정이후 사후조치 미흡 등을 들 수 있다. 둘째, 행정비용적 측면의 문제점으로는 행정비용의 낭비, 지방행정의 업무과부하 등과 같은 행정내부적 측면의 문제점과 함께 민원인 불편초래라는 문제를 아울러 야기시키고 있음을 지적하였다.

이상과 같은 문제점을 해결해 나가기 위한 정책대안으로는 크게 세 가지 방향에서 접근하고 있는데, 첫째가 중복기능에 대한 진단체계의 마련이고, 둘째가 중복기능 해소를 위한 조정장치의 구축이며, 셋째가 사후 조치를 위한 장치의 마련이다. 각각의 정책대안에 대하여 보다 구체적으로 살펴보면 다음과 같다.

첫째, 중복기능 진단체계의 마련을 위해서는 행정안전부에 의한 유사·중복기능 발굴을 위한 진단환경의 조성과 함께 지방자치단체 내 중복기능 진단의 제도화가 필요하다. 먼저 행정안전부의 진단환경 조성을 위해서는 현재 지방자치단체의 조직 및 기능조정과 관련하여 주요한 기준이 되는 지방자치단체 조직개편지침이 조직기구나 인력 중심에서 기능중심으로 전환되어야 한다. 또한 BRM의 조기정착과 함께 지방자치단체의 조직관리상황, 특히 기능수행을 상호간 비교해 볼 수 있도록 전국적 차원에서의 공시제도가 필요하다. 이는 지방자치단체가 효율적으로 기능수행을 하는 여타의 지방자치단체를 벤치마킹해 봄으로써 당해 지방자치단체 기능재조정을 위한 시사점을 얻을 수 있다는 점에서, 나아가 지방의회나 시민(단체)의 입장에서도 지방자치단체 상호간 비교를 통해 당해 지방자치단체의 효율적 행정운영을 감시하고 조정을 요구할 근거자료를 확보할 수 있다는 측면에서 중요성을 가진다.

한편, 지방자치단체 내 중복기능 진단의 제도화를 위해서는 우선 중복기능에 대한 직원제안제도의 활성화가 필요한데, 이는 지방자치단체의 유사·중복적 기능에 대해서는 해당 기능을 직접 수행하는 공무원들이 문제점과 해결방안을 누구보다도 가장 잘 알고 있기 때문이다. 다만 직원제안제도를 통한 유사·중복기능의 발굴이 효과를 얻기 위해서는 직원제안이 1회성으로 그치지 않게 여타의 방안들이 동시적으로 고려되어야 하고, 기능조정을 통한 경제적 효과가 일정비율 제안자에게 인센티브로 주어질 수 있도록 관련규정이 마련되어야 한다. 나아가 중복기능해소를 위한 우수제안에 대해서는 수행주체들이 참여하는 workshop 등을 통하여 제안내용 및 실행방안을 구체화하여야 한다. 또한 유사·중복기능의 문제 중 특히 중앙정부가 관여하는 기능의 경우 단일 지방자치단체의 조정노력으로 실질적인 효과를 얻기 어려운 측면이 있는바, 동일한 문제인식을 가지고 있는 지방자치단체들이 협력관계를 구축하여, 공동대응을 통하여 조정요구를 할 필요가 있다.

둘째, 중복기능 조정장치의 구축이 요구되는바, 이는 중복기능에 대한 체계적인 해소를 담보하기 위하여, 그리고 이해관계자간 자율적인 해소방법의 한계를 보완하기 위하여 필요하다. 지방행정의 유사·중복기능 해소를 위한 조정기구의 유형은 다수의 이해관계자들의 의견을 충분히 수렴할 뿐만 아니라 다양한 분야의 기능에 대한 이해가 필요하다는 점을 고려하면 위원회형이 바람직하며, 조정기구의 지위는 조정의 실효성 확보를 고려할 때 관련기관보다 상위의 지위를 부여하는 방안을 고려할 수 있다. 이 경우 조정기구의 설치는 두 가지 방안으로 접근가능한데, 하나는 국무총리실 산하에 (가칭)지방행정중복기능조정위원회로 설치하는 방법이고, 다른 하나는 기존기구를 활용하는 방안으로 「지방분권촉진에 관한 특별법」에 근거하여 설치된 "지방분권촉진위원회"를 활용하는 것이다. 이는 지방분권촉진위원회는 중앙정부와 지방자치단체간 사무의 적정배분 특히, 중앙정부의 사무를 지방자치단체에 이양하기 위한 기능을 본질로 하는바, 행정기관간 사무의 적정배분을 통해 중복현상을 해소하기 위한 기능 역시 현재 지방분권촉진위원회의 기능과 크게 다르지 않기 때문이다.

셋째, 조정결과 사후조치의 마련으로 조직통합의 매뉴얼 및 컨설팅 제공, 그리고 우수사례에 대한 인센티브 제공 등을 들 수 있다. 전자의 경우 유사·중복기능임에도 불구하고 장기간 이질적인 주체에 의하여 수행되어 온 경우 물리적인 통합은 가능해도 조직구성원간 화학적 통합에 어려움을 겪고 있는 경우가 많다는 점에서 필요성이 제기된다. 다음 우수사례 인센티브 제공의 경우 제도활용을 적극화하기 위한 다양한 유인책의 마련차원에서 요구되며, 소극적 유인과 적극적 유인으로 구분하여 접근할 수 있다. 소극적 유인책은 외부적 강제에 의해 일정수준의 제도시행을 담보하는 방법으로 전술한 공시제도 도입을 들 수 있으며, 적극적인 유인책은 내부의 자발적인 노력에 의해 제도시행의 효과를 최적화하는 방법으로 우수사례에 대해서는 총액인건비와 교부금 산정에서 가점을 주는 인센티브방법을 고려해 볼 수 있다.

부록 1. 특별지방행정기관의 기능조정방안

Ⅰ. 기능조정 추진과정
Ⅱ. 특별지방행정기관 현황
Ⅲ. 특별지방행정기관의 문제점
Ⅳ. 기능조정 추진전략
Ⅴ. 분야별 기능조정안

부록 1. 특별지방행정기관의 기능조정방안

Ⅰ. 기능조정 추진과정

□ 특별지방행정기관 기능조정 근거 마련

○ 제16대 대통령 선거시 지방적 업무나 집행적 업무를 수행하는 특별지방행정기관의 자치단체 이양 추진 공약

○ 지방분권로드맵('03.7) 및 지방분권특별법('04.1)상 과제로 선정

- 특별지방행정기관이 수행하는 사무중 지방자치단체가 수행하는 것이 더 효율적인 사무는 자치단체로 이양(법§10)

□ 참여정부의 조정방안

○ 우선 검토분야 9개 기관 선정(중소기업, 노동, 통계, 국도하천, 해양수산, 산림, 환경, 보훈, 식의약품)

- 순수 전체 이관(2개 분야) : 중소기업, 식의약품
- 이관후 대체 사무소 신설(2개 분야) : 국도하천, 해양수산
- 일부 이관(2개 분야) : 노동, 환경
- 현행 유지(3개 분야) : 통계, 산림, 보훈

※ 중앙부처의 소극적 대응으로 실제 미추진

이관형태	대상기관
순수전체이관 (2개 분야)	지방중소기업청(11개) 및 사무소(1개)
	지방식품의약품안전청(6개)
이관후 대체 사무소 신설 (2개 분야)	지방국토관리청(6개) 및 국도유지사무소(18개) - 단, 5대강 관리를 위한 하천별 관리사무소 설치
	지방해양수산청(12개) 및 해양수산사무소(25개) - 단, 건설기능 수행을 위해 건설사무소 설치
일부 이관 (2개 분야)	지방노동청(6개) 이관, 노동사무소(40개) 현행 유지 - 단, 이관되는 6개 지역에 노동사무소 신설(40개 → 46개)
	환경출장소(9개) 이관, 지방·유역환경청(8개) 현행 유지
현행유지 (3개 분야)	통계, 산림, 보훈

Ⅱ. 특별지방행정기관 현황

○ '07. 12 현재 24개 부처 4,492개 기관

- 공안행정기관(검찰청, 경찰청 등)과 현업행정기관(철도청, 우체국 등)이 대부분을 차지(기관수 86.2% 점유)

구 분	기관수	1차 기관	2, 3차 기관
합 계	4,492	267	4,225
노동행정기관	46	6	40
세무행정기관	181	52	129
공안행정기관	1,900	76	1,824
현업행정기관	1,974	8	1,966
기타행정기관	391	125	266

○ '98 이후 점진적 감소추세

- 전반적으로 '95년 민선자치 이전까지 지속적으로 증가하였으나, '98년 외환위기 이후 구조조정 등을 거치면서 다소 감소 추세
- 특히, 공안행정기관과 현업행정기관의 감소 폭이 여타 분야에 비해 상대적으로 큼

구 분	1987	1993	1995	1998	2003	2007
합 계	6,895	7,783	7,247	7,402	6,574	4,492
노동행정기관	54	58	59	58	46	46
세무행정기관	170	198	202	204	175	181
공안행정기관	3,888	4,416	3,804	3,849	3,466	1,900
현업행정기관	2,185	2,507	2,575	2,693	2,495	1,974
기타행정기관	598	604	607	598	392	391

Ⅲ. 특별지방행정기관의 문제점

□ 인력 및 예산 낭비로 행정 효율성 저하

○ 유사·중복 기능의 수행으로 인력과 재원이 중복 투자됨은 물론 업무처리의 효율성 저하

- 중소기업 지원 등 서비스제공 분야의 경우 획일적 기준으로 일부 기업에의 중복 수혜 및 지원필요 기업 누락 문제 발생
- 식의약품 관리 등 규제 분야의 경우 책임 회피 및 조직의

존립을 위해 불필요한 규제와 간섭을 양산하는 사례 발생

○ 자치단체는 주민불편을 이유로 특별지방행정기관의 관할구역 조정 또는 지역내 추가설치 요구
  - 특별지방행정기관도 주민불편 해소와 행정력 강화를 명분으로 조직신설 및 인력 증원 등을 추진하는 악순환 발생

○ 중앙부처가 지도·단속 등 권력행위와 자치단체에서 수행가능한 경미한 부분에 치중한 결과 본연의 정책기능 약화

□ 서비스의 질 저하 등 광역행정 곤란

○ 하나의 특별지방행정기관이 여러 개의 자치단체를 관할하는 등 광역적으로 설치되어 주민 및 고객집단에 대한 One-Stop Service 및 신속한 민원처리 불가

○ 건설·환경·위생·세무 등 행정의 연계성이 날로 강화되는 추세 속에서 자치단체 단위 종합행정 실현에 한계

□ 주민통제 및 외부평가 미흡

○ 특별지방행정기관이 수행하는 사무는 국가사무이므로 고객인 지역주민과 지방의회에 의한 통제가 원천적으로 제약

○ 전문성과 단순·반복 업무처리를 위한 산하기관 설치 후에도 기존조직은 유지하고 새로운 업무처리를 위한 조직 증설

○ 특별지방행정기관에 대한 실태분석 결과, 운영 성과에 대한 외부 평가 및 감사 부재

Ⅳ. 기능조정 추진전략

□ 보충성 원칙에 의거 포괄정비 추진

○ 서비스제공 기능은 자치단체로 일원화하고 사회적 규제기능에 대해서는 이중적 감시장치 마련

○ 전국적 통일성, 기준설정이 필요한 사무는 부처(본청)에서 수행

○ 기능조정에 따른 인력 및 예산의 동시 이관

- 공무원의 신분은 불이익 최소화 차원에서 일정기간 국가직 보유 검토

□ 전국 통일성 유지 위해 국가감독 강화

○ 국도, 하천 등 전국 통일성 확보가 중요한 사무의 적정수준 유지를 위하여 해당사무에 대한 국가의 감독 강화

- 합동평가, 국고보조금 등 행·재정적 견제장치를 통하여 해당사무의 처리과정 및 결과의 적정 감독

Ⅴ. 분야별 기능조정안

1. 국도하천분야

□ 관련 기구 및 정원

○ 특별지방행정기관 : 지방국토관리청(6), 국도유지사무소(18), 출장소(10)

- 인력 1,601명

○ 자치단체 : 도로 및 하천관리를 각각 1개 과에서 담당
  - 건설본부, 도로관리사업소 등 지방도 관리 전담조직 운영

□ 주요 기능수행 실태

○ 도로
  - 국도·지방도의 건설과 관리를 지방국토관리청과 자치단체에서 각각 담당(국도 중 고속국도는 한국도로공사가 담당)
  - 국도 중 시가지 구간에 대한 도로확장·관리는 자치단체에 위임

○ 하천
  - 국가하천과 지방하천의 유지·보수 및 재해대책을 지방국토관리청과 자치단체가 별도로 시행
  - 국가하천의 관리업무 일부(유지, 보수공사)는 자치단체에 위임

□ 기능조정 필요성

○ 도로 및 하천 관리비용의 대폭적인 절감 가능
  - 도로 및 하천관리 기관별로 조직과 인력, 장비를 별도로 운영함에 따라 막대한 관리비용 낭비

○ 지방이 충분한 경험과 전문성 확보
  - 도로 건설과 관리는 국도·지방도 등 명칭만 다를 뿐 동일 업무로 자치단체도 지방도 관리 전담부서(건설본부, 도로사업소 등) 운영
  - 특히, 국도 중 시가지 구간은 자치단체에서 도로 확장, 유지보수, 교통개선 사업 등 수행

○ 도로이용자 및 주민 만족도 제고

- 자치단체에서 국도를 관리함으로써 도로이용에 따른 불편사항과 태풍·폭설 등 재난발생시 신속한 대응 조치 가능
- 도로점용, 접속도로 연결허가 등 주민생활과 연계된 민원의 종합적이고 신속한 처리 가능

○ 국가하천관리업무를 일원화하여 관리기능 강화 필요

- 지방국토관리청 : 하천구역 확정·고시, 유역 치수계획 수립, 하천공사 시행, 비관리청 하천공사 허가, 하천점용 허가
- 자치단체 : 하천보수 공사, 하천점용 허가·고시(토석채취 등), 하천 점사용료 부과·징수, 하천감시원의 지도감독 등

□ 기능조정(안)

○ 국토간선도로(7×9)는 국가에서 관리하고 나머지는 지방이관

- 국가관리노선은 한국도로공사에 위탁 검토

※ 국토간선도로계획(7×9) : 총 6,160km(고속국도 5,946, 일반국도 556)

○ 5대강을 제외한 나머지 하천관리는 지방자치단체 이관

- 한강, 금강, 낙동강, 섬진강, 영산강은 국가관리

2. 노동분야

□ 관련 기구 및 정원

○ 특별지방행정기관 : 지방노동청(6), 사무소(40), 지방출장소(1)

- 인력 : 4,806명

○ 자치단체 : 대부분 계 단위 운영(시·도는 과 단위)

□ 주요기능 수행 실태

○ 노사협력, 직업안정, 직업훈련 기능을 지방노동청(사무소)과 자치단체가 유사하게 중복 수행

○ 지방노동청(사무소)은 유관기관과 연계하여 관련업무 수행

- 근로복지공단(6지부, 40지사) : 산재 및 고용보험 징수 등
- 한국산업인력공단(5지부, 18지사) : 직업훈련, 기술자격 검정 등
- 한국산업안전공단(3지부, 17지도원) : 산업안전 교육 등
- 기타 : 한국장애인고용촉진공단, 한국노동교육원 등

구 분	지방노동청(사무소)	지방자치단체
노사 협력	· 노사분규의 예방 및 수습 · 노동조합설립 및 변경신고 · 노사분규에 대한 조정·감독	· 노사간 쟁의예방 및 화합지원 · 노동조합설립, 변경, 해산신고 · 노동관련단체 지원 및 육성
직업 안정	· 직업상담·지도·소개·취업 알선 · 직업정보제공사업자에 대한 지도 관리	· 직업안정 및 취업알선 · 직업소개소 지도감독 · 공공근로사업 운영
직업 훈련	· 훈련시설 및 훈련과정 인정 · 고용촉진훈련실시	· 고용촉진훈련실시
근로 감독	· 근로기준법위반자조치 · 사업장 감독 및 노무관리 · 체불임금 예방 및 청산	
고용 보험	· 실업자 급여지급 및 재취업 지원	

□ 기능조정 필요성

○ 지역주민들은 노사문제 해결에 있어 단체장의 역할을 기대하고 있으나 실질적 권한이 없어 업무수행에 한계

- 자치단체에서 노사협력 정착을 위한 각종 사무주관과 상당부문 비용을 지원하고 있는 실정

○ 노사분규 발생시 자치단체의 역할 증대

- 화물연대 집단행동, LG정유 파업 등 발생시 상황실 운영, 노사대표자 간담회, 유관기관장 대책회의 등 대외적 역할 주도

○ 지역실정에 맞는 직업안정 정책 추진 필요

- 고용안정센터는 노동부의 통일된 기준을 그대로 적용하고 시행하는 실정이므로 지역실정에 맞는 고용정책 시행 곤란

- 각종 민원서류 발급 및 취업정보를 제공받기 위해 고용안정센터와 자치단체를 별도로 방문해야 하는 불편 해소

○ 지방노동청의 역할 미약으로 기능·조직 개편 필요

- 지방노동청은 소속 노동사무소의 지휘·감독보다는 별도의 관할구역을 가지고 노동사무소와 동일한 집행기능 수행

□ 기능조정(안)

○ 지방이관 : 노사협력, 직업안정, 직업훈련, 고용보험

- 단, 광역적·연합체 또는 산별노조 관리권한은 현행유지

○ 현행유지 : 근로감독

- 근로감독은 준사법적 기능인 동시에 ILO 기준에 의거 국가 수행이 타당

3. 항만수산분야

□ 관련 기구 및 정원

○ 특별지방행정기관 : 지방해양청(11), 해양수산사무소(26), 건설사무소(3)

- 인력 1,921명

○ 자치단체 : 11개 시도에 관련 기구(1~2개과) 설치

□ 주요기능 수행 실태

○ 지방해수청: 국가항만 50개소(무역항 28, 연안항 22), 국가어항 105개소

- 선원보험(해운조합), 선박검사(선박기술협회, 선급협회), 해기사시험(해양수산연구원), 해양오염방제(해양오염방제조합) 업무 위탁수행

○ 자치단체 : 1,640개소(지방어항 317, 어촌정주어항 373, 육지소규모항 950)

구 분	지방해양수산청(사무소)	지방자치단체
항만 건설 및 관리	· 국가항만 건설 및 관리 · 국가어항 건설(105개) · 항만내의 공유수면 관리 · 무역항관리(28개)	· 지방어항 건설 및 관리 · 국가어항 관리(105개) · 항만 밖의 공유수면 관리 · 연안항관리(22개)
어촌 지도	· 양식어장 관리(수산기술보급 등) · 어업인후계자 접수 · 추천 · 적조 예찰 및 통보	· 양식어장관리(어업면허등) · 어업인후계자 선정, 자금지원 · 사후관리 · 적조 방제 및 복구

해양 환경 및 안전 관리	· 해양폐기물의 수거 · 항로표시시설 설치 · 관리 · 선박등록, 선박톤수 측정 · 선원수첩 및 해기사면허증 교부	· 해양환경 정화사업 · 오염해역 준설 추진 · 어선 건조 발주허가 · 어선원 관리 및 실업대책

□ 기능조정 필요성

○ 유사·중복업무 해소로 효율성을 높이고 예산의 절감

- 같은 국가항만임에도 무역항(지방해수청) 및 연안항(자치단체) 관리주체가 이원화되어 인력 및 예산의 낭비

○ 바다와 육지를 연계한 균형적인 지역개발 추진

- 바다와 인접한 지역은 육지와 연계한 개발을 추진하여야 함에도 현재는 이원화된 형태로 업무 효율성 극히 저조
- 공유수면관리권한이 항만구역 내부는 지방해수청장, 구역 외는 자치단체로 이원화되어 있어 행·재정적 낭비 및 육상부와 해상부의 관리 부조화 초래

○ 항만운영에 지역이 참여하여 지역활성화 도모

- 항만은 지역의 경제활동 및 생활거점이고 지역의 핵심적 성장 동력으로 지역과 분리하여 관리·발전계획 수립 등 불가
- 항만발전의 요체는 항만과 배후도시의 조화로운 발전으로 항만이 소재한 자치단체에서 관리하는 것이 바람직
- 다만, 항만과 관련한 자치단체간 갈등문제는 항만건설을 국가에서 추진함에 따라 국가에서 주도적으로 해결 필요

○ 주민밀착형·서비스지원형 행정은 자치단체 중심의 전달 체계가 지방자치 정신과 주민편의에 부합

- 해양수산분야 대부분의 업무가 주민밀착형 행정이고 특

히 수산기술 보급, 어업인 후계자 육성 등 어촌지도 사무는 자치단체 고유한 성격의 사무로 자치단체 수행이 바람직

□ 기능조정(안)

○ 지방이관 : 항만관리, 어촌지도, 해양환경 및 안전관리

○ 현행존치 : 항만계획 및 건설(항만 및 어항공사 시행 등)

4. 중소기업분야

□ 관련 기구 및 정원

○ 특별지방행정기관 : 지방중소기업청(11)

- 인력 : 372명

○ 자치단체 : 대부분 과 단위 조직 운영(경제정책과, 기업지원과)

□ 주요기능 수행 실태

○ 지방중소기업청은 유관기관 위탁 등의 방식으로 업무추진

- 중소기업진흥공단(15개 지부) : 자금, 판로지원, 컨설팅 등
- KOTRA(11개 무역관) : 해외시장개척, 수출지원, 투자유치 등
- 신용보증기금(6개 지부, 84개 지점) : 신용보증, 경영지도 등

○ 자치단체에도 중소기업에 대한 종합지원시스템 구축

- 시·도별로 중소기업 종합지원센터 및 신용보증재단 운영

구 분	지방중소기업청	지방자치단체
경영지원 · 기업애로 조사	· 중소기업 및 벤처기업지원 · 창업정보의 제공 및 관리 · 소상공인 창업 및 경영지원 · 중소기업 경영애로 해소 지원 · 하도급거래, 특수상황실태 조사	· 벤처기업 창업 및 육성 지원 · 창업보육센터 설치·운영 · 중소기업 자금 지원 · 중소기업 애로상담 모니터링
수출지원 · 투자유치	· 중소기업 수출지원센터 운영 · 해외구매·투자유치	· 해외시장 개척단 운영 · 투자유치활동 전개 및 지원
기술지원 · 시험검사	· 산·학·연 공동기술개발 지원 · 기술지도 및 기술정보 제공 · 공산품 시험·분석·검사 · 계량·계측기 교정 검사	· 산·학·연 기술개발 지원 · 지역협력연구센터 지원 · 중소기업 기술개발 지원 · 계량기 제작업 등록 및 감독

□ 기능조정 필요성

○ 경영지원, 수출지원 및 투자유치 등 거의 대부분의 기능을 지방중소기업청과 자치단체가 중복 수행

- 지방중소기업청이 수행하는 기능중 상당 부분도 중소기업진흥공단 등 유관기관에 위탁하여 처리

○ 획일적인 지원 시책으로 지역특성에 기반한 지역산업육성 방향과 맞지 않는 사례 발생

- 국가균형발전특별법에 의거 시·도별로 4대 전략산업 및 10여개 정도의 지역연고산업을 집중 육성 계획

○ 자치단체의 최우선 과제가 지역경제 활성화임을 감안할 때 자치단체로 일원화시 가장 시너지효과가 기대되는 업무로

지방에서 가장 강력히 기능조정을 요구

□ 기능조정(안)

○ 지방이관

- 이관대상: 경영지원, 경영실태/애로조사, 수출지원/투자유치, 기술개발/지도, 계량기검정/시험검사
- 하도급거래/특수상황 실태조사는 중앙과 지방 공동 수행
- 국가인증이 필요한 시험검사 기능은 중기청 존치(중진공 위탁)

5. 식의약품안전분야

□ 관련 기구 및 정원

○ 특별지방행정기관 : 지방식약청(6)

- 인력 603명

○ 자치단체 : 시·도청 1~2과(보건과, 위생과) 및 보건환경연구원

- 기초자치단체에도 대부분 2개 담당(식품, 의약)이상 운영

□ 주요기능 수행 실태

○ 식품위생법 등에 의거 지방식약청은 수입식품 등에 관해 그리고 지방자치단체는 식품접객업, 의약품판매업소 등에 관한 인·허가를 수행

○ 대상 업소에 대한 지도·단속은 인·허가권자가 행하는 것이 원칙이나, 지방식약청이 자치단체 소관업소에 대해서도 기획단속, 위기관리 등의 형식으로 중복적 지도·단속 수행

○ 시·도는 관할 기초자치단체를 지도·감독하며, 보건환경연구원을 통해 식품위생법 등에 따른 검사기능 수행

구 분	지방식약청	지방자치단체
인·허가	· 식품첨가물제조업, 수입식품판매업, 의약품제조업 등	· 식품제조가공업, 식품접객업, 식품판매업, 의약품판매업소등
지도·단속	· 식품제조, 유통업소, 의약품 제조, 판매업소 등 단속 · 식중독의 조사 및 처리 · 명예식품위생감시원 운영	· 식품제조 , 유통업소, 의약품 판매업소 등 단속 · 식중독의 조사 및 처리 · 명예식품위생감시원 운영

□ 기능조정 필요성

○ 지도·단속 업무의 중복 수행

- 지방식약청의 다수 업무가 지방자치단체와 중복 수행되고 있으며, 대부분 자치단체로부터 결과를 보고받는 형식으로 운영
- 중복 단속업소는 불만이 높은 반면, 대부분의 업소는 단속에서 제외되는 감시의 사각지대 발생
- 단속인력 지원 등 지방식약청의 보조기관으로 전락한 자치단체는 책임의식 저하로 기구·인력의 점진적 축소 경향

○ 지방식약청 지도·단속의 한계

- 지방식약청에서 단속후 자치단체에 행정조치 요구시 처리시간 지연으로 법망을 피해가는 사례 발생 등 사후관리 부실

○ 민원처리의 one-stop service 불가

- 식의약 행정에 대한 이원적 관리로 민원인이 자치단체와 지방식약청을 오가야 하는 불편 초래

□ 기능조정(안)

○ 지방이관 : 식의약품 사후관리

○ 현행유지 : 식의약품 사전관리(식약청 본청)

6. 환경분야

□ 관련 기구 및 정원

○ 특별지방행정기관 : 지방환경청(8), 출장소(8)

- 인력 822명(유역·지방청 757, 출장소 65)

○ 자치단체 : 대부분 국단위 조직운영

- 기초자치단체는 환경과, 상하수도과 등 과단위 운영

□ 주요기능 수행 실태

○ 처리대상은 같으나, 대상규모에 따라 관할분리

- 인허가 및 지도·단속의 경우 지방환경청은 지정폐기물을, 지방자치단체는 일반폐기물로 대상규모에 따라 단속권 분리

구 분	지방(유역)환경청	지방자치단체	비 고
사전환경성 검토 및 환경영향 평가	· 사전환경성검토 · 환경영향평가협의	· 환경청협의대상에서 제외된 기준 이하는 조례로 규제가능 - 대부분 준비 및 시행중	
인허가 및 지도·단속	· 오염방지시설업 허가 · 지정폐기물	· 규모 이하 배출시설 허가 · 일반폐기물	'02. 10월 일반폐기물 지방위임
측정·분석	· 국가측정망(5대강)	· 지방측정망(5대강 지류)	
유역관리 (상수원보호)	· 수질오염 총량관리 · 물이용부담금 조정 · 광역상수원관리	· 물이용부담금 주민지원 사업시행 · 지방 상수원관리	유역환경청만 해당

□ 기능조정 필요성

○ 유역(지방)환경청은 대부분의 업무를 산하기관과 자치단체에 위임·위탁하여 처리

- 환경영향평가는 KEI에 검토 의뢰, 측정·분석중 대기는 환경관리공단에 위탁, 지도·단속대상의 70%는 지방자치단체 위임

○ 기능 이원화에 따른 책임한계 모호 및 협력·연계기능 미흡

- 사전환경성 검토(환경부)와 지역환경영향평가(자치단체)의 중복시 이중협의가 필요하며, 사후관리부서가 달라 환경오염 사고가 발생할 경우 책임성 논란 및 사후관리 부실

- 생태계·습지보전지역은 지방(유역)환경청, 문화재보호구역은 자치단체가 관리하는 등 이원화되어 있어 보전지역 훼손 가능성 및 이용자(생태교육 및 관광 등)의 혼란 초래

□ 기능조정(안)

○ 지방이관 : 유역관리업무를 제외한 모든 환경관리업무

○ 현행유지 : 유역환경청의 유역관리 및 환경영향평가 업무 등

7. 통계분야

□ 관련 기구 및 정원

○ 특별지방행정기관 : 지방통계청(8), 통계사무소(4), 출장소(35)

- 인력 1,165명

○ 자치단체 : 전담조직은 없고 계단위로 운영(4~6명)

□ 주요 기능 수행실태

○ 지방통계청

- 경제 사회분야 대상의 각종 통계조사 및 관련 민원처리

○ 자치단체 : 지방통계청의 업무 지원

구 분	지방통계청(사무소)	지방자치단체
경제조사	· 사업체 조사 및 관련민원처리	· 통계 조사분석 및 지원
사회조사	· 가구대상 조사 및 관련민원처리	

□ 기능조정 필요성

○ 중앙행정기관과 자치단체가 중복적 기능을 수행하고 있으나 실제 통계업무의 대부분은 자치단체 지원하에 수행

○ 지역의 정책수립을 위한 지역통계 자료의 수요는 증대되고 있으나 권한의 통계청 집중으로 효과적인 업무 수행 곤란

□ 기능조정(안)

○ 현행 존치

- 통계의 전국적 통일성 유지 및 신뢰성 확보를 위해 현행 기구 존치 타당

8. 산림분야

□ 관련 기구 및 정원

○ 특별지방행정기관 : 지방산림청(5), 국유림관리소(27), 산림항공관리본부(1), 산림항공관리소(7)

- 인력 899명

○ 자치단체 : 과단위 또는 담당단위 조직 설치

□ 주요기능 수행 실태

○ 산림청

- 지방산림청 및 국유림관리소 : 산림청 소관 국유림 관리, 산불진화 및 예방
- 산림항공관리본부 및 산림항공관리소 : 항공수단을 이용한 산불진화 및 방제 지원

○ 자치단체 : 공·사유림관리, 산불진화 지원

구 분	지방해양수산청(사무소)	지방자치단체
산림관리	· 산림청 소관 국유림관리	· 공·사유림관리
산불진화	· 국유림내 산불예방 및 진화 · 국유림내 산불전문진화대 운영	· 국유림내 산불진화 지원 · 국유림내 대형산불시 산불전문진화대 지원 · 공·사유림 산불예방 및 진화 지원

□ 기능조정 필요성

○ 업무성의 현지성을 통한 기능효과성 제고

- 산림분야의 경우 특히 산불진화, 병해충방제 등의 업무가 주요한데, 이들 업무의 경우 지역적 차원에서 신속하게 대응하는 것이 무엇보다 중요

○ 행정수행에 대한 책임한계의 명확화 및 예산의 효율적 사용

- 산불발생시 지방산림청과 지방자치단체 모두 장비, 인력을 배치하고 있으나 책임한계가 불명확하여 효과적인 대

응이 이루어지지 않고, 협조체계 역시 미흡한 실정임

- 한편 기초자치단체의 경우 관내 전체 산림에 대한 산불진화에 대처하고 있으나 인력, 예산 및 장비의 부족으로 초기단계에서의 효과적 대처 어려움

○ 지역민원의 합리적 대응

- 산림업무의 경우 해당 지역주민의 생활과 밀접한 이해관계를 맺고 있는 만큼, 국유림에 대한 인허가업무시 해당 지방자치단체와 협의과정이 요구되지만, 이러한 과정이 무시되어 다수의 집단민원 발생 초래

□ 기능조정(안)

○ 지방위임 : 지방산림청 및 국유림관리사무소(국유림관리 및 산불예방·진화관련 기능)

○ 현행존치 : 산림항공관리본부 및 관리소

9. 기상분야

□ 관련 기구 및 정원

○ 특별지방행정기관 : 지방기상청(5), 기상대(36), 기상관측소(34), 레이더관측소(5)

- 인력 : 702명

○ 자치단체 : 없음

□ 주요기능 수행 실태

○ 관할지역 기상예보의 종합·조정

○ 기상예보자료의 수집·분석
○ 관할지역 예보·특보의 생산·통보 및 사후 분석
○ 지역예보기술의 연구개발
○ 기상에 관한 상담업무
○ 지역기상자료의 수집·분배 및 기후자료의 통계 등

□ 기능조정 필요성

○ 기상업무의 전문성 및 연구개발 측면의 고려
- 기상업무의 경우 기상재해로부터 국민의 생명과 재산을 보호하고, 기상관련 다양한 정보를 통해 경제활동 측면에 심대한 영향을 끼치는바, 지역적 차원의 운영보다는 국가적 차원의 집중관리가 필요

○ 다만 기상업무가 종래와 같이 기상예보중심의 소극적 운영이 아닌 지역별, 고객별 맞춤형 정보로의 적극적 운영이 기대되는 만큼, 중장기적으로 지역별 맞춤형 기상정보의 생산에 대하여는 지역민간전문기관이나 지역언론 등에 의한 민간화방안 모색 가능

□ 기능조정(안)

○ 현행존치
- 관할지역 기상예보자료의 수집·분석, 지역예보기술의 연구개발, 지역기상자료의 수집·분배 및 기후자료의 통계 등

○ 민간위탁
- 기상예보 및 기상관련 정보유통 등(지역내 위탁가능한 민간기관의 존재를 전제로 중장기적 검토 필요)

10. 병무행정분야

□ 관련 기구 및 정원

○ 특별지방행정기관 : 지방병무청(11), 지방병부지청(2), 중앙신체검사소(1), 병무민원상담소(1)

- 인력 1,876명

○ 자치단체 : 현재는 별도의 업무 수행하지 않음(1999년에 읍, 면, 동 그리고 2002년에 시, 군, 구의 병무조직을 폐지하고 병무청이 독자 수행)

□ 주요 기능수행 실태

○ 병역자원관리(총 803만명: 전체 인구의 약 17%)

- 징·소집 대상 124.9만명, 병역대체복무자 15.5만명, 병력동원대상 663만명

○ 징병검사 및 각종 병역처분

○ 현역병입영 및 공익근무요원 소집

○ 향토예비군 편성 및 관리

○ 전시병력동원 및 훈련소집

○ 산업기능인력의 지원

○ 병역의무자 국외여행 허가

□ 기능조정 필요성

○ 기존의 시, 군, 구에 위임했던 병무행정을 본청과 지방병무청이 직접 담당함으로써 효율적으로 국가사무를 수행하게 되었음

- 그동안 시, 군, 구에서 병무행정을 담당했던 인원을 대규모로 감축

- 행정자치부의 전산망을 이용한 병역자원의 관리를 통해 업무의 정확성과 효율성을 제고시킴
- 병무민원상담소를 설치하여 민원불편사항을 최소화함

○ 그러나 국가 기관의 주요 업무가 국방의 중요 정책을 입안하고 집행하는 것이나 실제는 징병검사통지서, 동원훈련통지서, 고소·고발접수 등 단순사무에 많은 인력과 예산을 소요

○ 더욱이 출생률 저하 및 고령 인구 증가로 인한 병역자원의 감축이 사회문제화되고 있으며 전산망 활용으로 인원 감축이 예상되나, 실제로는 병무청의 조직과 인원은 증가하고 있음

- 2003년 기준으로 14개 기관과 1,454명이던 인력이 2007년 현재 본청과 지방병무청의 조직이 커짐과 동시에 인원도 약 420명 정도가 증원되었음

○ 따라서, 지방화·분권화 시대에 있어서 병무청으로 병무행정을 집중시키는 것이 중앙정부의 권한을 강화하는 효과가 있을 뿐만 아니라 병무행정에의 주민참여를 어렵게 하여 병무행정의 책임성을 묻기가 어렵고 병무청의 조직이나 예산 및 운영성과에 대한 주민감시 기능을 저하시킬 수 있음

□ 기능조정(안)

○ 전반적인 병역자원관리 및 병역의무의 형평성을 제고할 수 있는 제도적 장치의 마련은 국가가 체계적으로 수행

○ 병역관련 단순 사무업무는 자치단체에 위임하거나 민간위탁을 시도

- 궁극적으로는, 본청과 지방병무청의 인력과 예산을 효율

적으로 운영하기 위한 방안 마련이 필요

11. 국가보훈분야

□ 관련 기구 및 정원

○ 특별지방행정기관 : 지방보훈청(5), 보훈지청(19), 국립묘지관리소(6), 보훈심사위원회(1)

- 인력 1,289명

○ 자치단체 : 광역자치단체는 복지(정책)과 내지 복지(협력)팀에서, 기초자치단체에서는 주민생활지원과에서 부수적으로 업무 담당

□ 주요 기능수행 실태

○ 보훈단체, 보훈행사, 복지사업 등의 기능은 보훈처와 자치단체가 유사하게 중복 수행

기 능	보훈처	지방자치단체
보훈관리	· 보훈단체 운영비지원 · 상시근무자 인건비 · 보훈회관운영비지원	· 보훈단체 운영비지원(단체운영 공과금 등 제경비) · 보훈회관 운영비지원
보훈선양	· 각종 보훈행사 및 기념사업 수행 · 국가유공자 포상 및 예우 · 국가유공자의 공훈록, 전기 발간	· 보훈행사 지원 · 현충일 행사비 지원 · 선열의 날 행사비 지원
복지사업	· 국가유공자 자활자금 지원 · 국가유공자에 대한 주택지원, 직업훈련, 취업알선	· 국가유공자 자활지원 사업 · 국가유공자 의료보호 · 저소득 국가유공자 생활지원
참전제대군인지원	· 제대군인의 사회정착교육	· 국가유공자 위문

○ 보훈가족 중 노인의 의료서비스나 재가복지서비스, 취업알선, 교육 기능은 자치단체의 관련업무 수행과 유사

□ 기능조정 필요성

○ 보훈관련업무는 원칙적으로 전국적 통일성, 업무의 전문성 그리고 특수성을 감안하여 국가가 업무를 전체적으로 관장하는 것이 바람직함
- 그러나 자치단체와의 업무가 중복되는 부분은 자치단체에 위임하고 국가는 관리감독 기능만 수행하는 것이 바람직

○ 수혜대상자 중심의 서비스 향상 필요성
- 보훈 수혜자들의 다양한 욕구에 부응하기에는 현재 보훈처의 예산과 인력으로는 부족함
- 지역의 기초생활수급자와 저소득 보훈대상자들은 각기 다른 기관에 의해 관리되고 서비스가 제공됨으로써 복지 혜택에 있어서 차이가 있을 수 있음
- 따라서, 보훈 수혜대상자들의 관리 및 서비스 제공에 있어서 자치단체와 유기적인 협조관계 유지가 필요
- 특히, 고령 노인들에 대한 재가복지서비스와 노인요양시설을 통한 의료서비스 등은 자치단체의 주요 노인복지서비스 기능과 중복되므로 비용 절감 효과와 함께 서비스의 효율적 수행을 위해 자치단체가 위임받아 체계적으로 수행하는 것이 바람직

□ 기능조정(안)

○ 전반적인 보훈정책의 수립과 집행은 국가가 관리

- 특히, 국가보훈과 안보교육을 통한 보훈문화의 조성과 합리적인 국가보훈대상체계의 마련은 국가가 담당

○ 보훈 수혜자들의 의료 및 복지서비스 그리고 취업알선 등은 자치단체에 위임하고 국가는 관리감독 기능을 담당

부록 2.　관련법률

Ⅰ. 지방분권촉진에 관한 특별법

Ⅱ. 지방분권촉진에 관한 특별법 시행령

지방분권촉진에 관한 특별법

[전부개정 2008. 2. 29 법률 제8865호] (한시법 : 2013. 5. 31)

제1장 총　　칙

제1조(목적) 이 법은 지방분권의 기본이념과 국가와 지방자치단체의 책무를 명확히 함과 동시에 지방분권의 추진에 관한 기본원칙·추진과제·추진체제 등을 규정함으로써 지방분권의 추진과제를 종합적·체계적·계획적으로 추진하여 지방분권을 촉진하고 지방의 발전과 국가의 경쟁력 향상을 도모하며 궁극적으로는 국민의 삶의 질을 제고하는 것을 목적으로 한다.

제2조(정의) 이 법에서 "지방분권"이란 국가 및 지방자치단체의 권한과 책임을 합리적으로 배분함으로써 국가 및 지방자치단체의 기능이 서로 조화를 이루도록 하는 것을 말한다.

제3조(지방분권의 기본이념) 지방분권은 주민의 자발적 참여를 통하여 지방자치단체가 그 지역에 관한 정책을 자율적으로 결정하고 자기의 책임 하에 집행하도록 하며, 국가와 지방자치단체간 또는 지방자치단체 상호간의 역할을 합리적으로 분담하도록 함으로써 지방의 창의성 및 다양성이 존중되는 내실 있는 지방자치를 실현함을 그 기본이념으로 한다.

제4조(다른 법령 제·개정의 원칙) 지방자치와 관련되는 법령을 제정하는 경우에는 지방분권의 기본이념에 적합하도록 하여야 하며, 관련 현행 법령을 조속히 정비하여야 한다.

제 5 조(국가와 지방자치단체의 책무) ① 국가는 지방자치단체와 「지방자치법」 제165조에 따른 지방자치단체의 장 등의 협의체(이하 "협의체"라 한다)의 의견을 수렴하여 지방분권을 추진 · 지원하기 위한 정책을 수립 · 시행하고, 이에 필요한 행정상 및 재정상의 법 · 제도적인 조치를 마련하여야 한다.

② 지방자치단체는 국가가 추진하는 지방분권정책에 부응하여 행정 및 재정의 효율성을 높이는 등의 개선조치를 마련하여야 한다.

③ 국가 및 지방자치단체는 지방분권의 추진과 함께 행정의 간소화 및 효율화를 추진하여야 한다.

④ 국가는 제 1 항에 따라 분권정책을 수행하기 위한 법적 조치를 마련하는 때에는 포괄적 · 일괄적으로 하여야 한다.

제 6 조(사무배분의 원칙) ① 국가는 지방자치단체가 행정을 종합적 · 자율적으로 수행할 수 있도록 국가와 지방자치단체간 또는 지방자치단체 상호간의 사무를 주민의 편익증진, 집행의 효과 등을 고려하여 서로 중복되지 아니하도록 배분하여야 한다.

② 국가는 제 1 항에 따라 사무를 배분하는 경우, 지역주민생활과 밀접한 관련이 있는 사무는 원칙적으로 시 · 군 및 자치구(이하 "시 · 군 · 구"라 한다)의 사무로, 시 · 군 · 구가 처리하기 어려운 사무는 특별시 · 광역시 · 도 및 특별자치도(이하 "시 · 도"라 한다)의 사무로, 시 · 도가 처리하기 어려운 사무는 국가의 사무로 각각 배분하여야 한다.

③ 국가가 지방자치단체에 사무를 배분하거나 지방자치단체가 사무를 다른 지방자치단체에 재배분하는 때에는 사무를 배분 또는 재배분 받는 지방자치단체가 그 사무를 자기의 책임 하에 종합적으로 처리할 수 있도록 관련 사무를 포괄적으로 배분하여야 한다.

④ 국가 및 지방자치단체는 제 1 항부터 제 3 항까지의 규정에 따

라 사무를 배분하는 때에는 민간부문의 자율성을 존중하여 국가 또는 지방자치단체의 관여를 최소화하여야 하며, 민간의 행정참여기회를 확대하여야 한다.

제 7 조(지방분권 추진일정) 국가 및 지방자치단체는 제10조부터 제16조까지의 지방분권의 추진과제를 수행하기 위하여 추진일정, 추진방법, 추진절차 등에 관한 정책을 수립하고, 추진실적을 연 2회 이상 공표하여야 하며, 이 법의 유효기간 내에 정책의 시행을 완료하도록 노력하여야 한다.

제 8 조(자율과 참여의 원칙) 국가는 지방분권정책을 추진하는 때에는 지방자치단체의 자율성을 존중하여야 하며, 주민의 참여를 최대한 보장하여야 한다.

제 9 조(지방분권정책의 시범실시) 국가는 지방분권정책을 추진함에 있어서 필요한 때에는 그 지방자치단체의 실정에 맞게 시범적·차등적으로 실시할 수 있다.

제 2 장 지방분권의 추진과제

제10조(권한이양 및 사무구분체계의 정비 등) ① 국가는 제 6 조에 따른 사무배분의 원칙에 따라 그 권한 및 사무를 적극적으로 지방자치단체에 이양하여야 하며, 그 과정에서 국가사무 또는 시·도의 사무로서 시·도 또는 시·군·구의 장에게 위임된 사무는 원칙적으로 폐지하고 자치사무와 국가사무로 이분화하여야 한다.

② 국가는 권한 및 사무를 지방자치단체에 포괄적, 일괄적으로 이양하기 위하여 필요한 법적 조치를 마련하여야 한다.

③ 국가는 지방자치단체에 이양한 사무가 원활히 처리될 수 있도

록 행정적·재정적 지원을 병행하여야 한다.

제11조(특별지방행정기관의 정비 등) ① 국가는 특별지방행정기관이 수행하고 있는 사무 중 지방자치단체가 수행하는 것이 더 효율적인 사무는 지방자치단체가 담당하도록 하여야 하며, 새로운 특별지방행정기관을 설치하고자 하는 때에는 그 기능이 지방자치단체가 수행하고 있는 기능과 유사하거나 중복되지 아니하도록 하여야 한다.

② 국가는 지방교육에 대한 지방자치단체의 권한과 책임을 강화하고, 지방교육에 대한 주민참여를 확대하는 등 교육자치제도의 개선방안을 마련하여야 한다.

③ 국가는 지방행정과 치안행정의 연계성을 확보하고 지역특성에 적합한 치안서비스를 제공하기 위하여 자치경찰제도를 도입하여야 한다.

제12조(지방재정의 확충 및 건전성 강화) ① 국가는 지방세의 비율을 확대하도록 국세를 지방세로 전환하기 위한 새로운 세목을 확보하여야 하며, 낙후지역에 대한 재정조정책임을 강화하여야 한다.

② 지방자치단체는 자치사무를 원활히 수행할 수 있도록 자체세입을 확충하여 지방재정의 안정성을 도모하고 예산지출의 합리성을 확보하기 위해 노력해야 하며, 복식부기회계제도 도입 등 예산·회계제도를 합리적으로 개선하여 건전성을 강화하는 등 지방재정의 발전방안을 마련하여야 한다.

③ 그 밖에 지방세의 세원 및 비율의 조정에 관하여 필요한 사항은 대통령령으로 정한다.

제13조(지방의회의 활성화와 지방선거제도의 개선) ① 국가는 지방자치단체의 자치입법권을 강화하기 위하여 조례제정범위가 확대되도록 하는 등 필요한 법적 조치를 하여야 한다.

② 국가 및 지방자치단체는 지방자치단체의 주요 정책사항에 관한 지방의회의 심의·의결권을 확대하는 등 지방의회의 권한을 강화하도록 하는 방안을 마련하여야 한다.

③ 국가 및 지방자치단체는 지방자치단체의 장과 지방의회의원의 선출방법을 개선하고, 선거구를 합리적으로 조정하며, 선거공영제를 확대하는 등 지방선거제도의 개선방안을 마련하여야 한다.

④ 국가 및 지방자치단체는 지방의회의원의 전문성을 높이고, 지방의회 의장의 지방의회 소속공무원 인사에 관한 독립적인 권한을 강화하도록 하는 방안을 마련하여야 한다.

第14条(주민참여의 확대) ① 국가 및 지방자치단체는 주민참여를 활성화하기 위하여 주민투표제도·주민소환제도·주민소송제도·주민발의제도를 보완하는 등 주민직접참여제도를 강화하여야 한다.

② 국가 및 지방자치단체는 주민의 자원봉사활동 등을 장려하고 지원함으로써 주민의 참여 의식을 높일 수 있는 방안을 마련하여야 한다.

第15条(자치행정역량의 강화) ① 지방자치단체는 행정의 공정성과 투명성을 확보하고 책임성을 강화할 수 있도록 행정체제를 정비하는 등 필요한 조치를 하여야 한다.

② 국가는 국정의 통일성과 지방행정의 책임성을 확보하기 위하여 지방자치단체의 행정 및 재정의 운영에 관한 합리적 평가기준을 마련하고 이에 따라 진단·평가를 실시할 수 있다.

③ 국가 및 지방자치단체는 지방공무원의 전문성을 높이고 역량을 강화하기 위하여 국가와 지방자치단체간 또는 지방자치단체 상호간의 공무원 인사교류를 활성화하고 교육훈련제도를 개선하는 등의 필요한 조치를 하여야 한다.

第16条(국가와 지방자치단체의 협력체제 정립) ① 국가는 지방자치

단체와의 상호협력관계를 공고히 하기 위하여 협의체의 운영을 적극 지원하여야 하며, 협의체와 관련 지방자치단체의 의견이 국정에 적극 반영될 수 있도록 한다.

② 국가 및 지방자치단체는 국가와 지방자치단체간 또는 지방자치단체 상호간에 발생하는 분쟁을 효율적으로 해결하기 위하여 분쟁조정기구의 기능을 활성화하고, 분쟁조정체계를 정비하는 등 분쟁조정기능을 강화하여야 한다.

③ 국가 및 지방자치단체는 지방행정에 관한 제반 여건의 급격한 변화에 적극적으로 대응하고 지방자치를 다양한 형태로 구현하기 위하여 지방자치단체 조합 등 특별지방자치단체제도를 도입·활용하도록 노력하여야 한다.

제 3 장 지방분권추진기구 및 추진절차

제17조(추진기구) 지방분권 추진과제의 종합적·체계적·계획적 추진에 관한 사항을 심의하기 위하여 대통령 소속하에 지방분권촉진위원회(이하 "위원회"라 한다)를 둔다.

제18조(기능) 위원회는 다음 각 호의 사항을 심의·의결한다.

1. 지방분권의 기본방향설정 및 추진계획의 수립에 관한 사항
2. 제10조부터 제16조까지의 규정에 따른 지방분권 추진과제의 추진에 관한 사항
3. 지방분권 추진일정의 세부적인 계획수립 및 시행방안의 마련에 관한 사항
4. 제 1 호부터 제 3 호까지 규정된 사항의 점검 및 평가에 관한 사항
5. 그 밖에 위원장이 부의하는 사항

제19조(위원회의 구성 · 운영) ① 위원회는 위원장을 포함하여 10인 이내의 위원으로 구성한다.

② 위원회의 위원은 다음 각 호의 자가 된다.

1. 지방분권에 관하여 학식과 경험이 풍부한 자 중에서 대통령이 위촉하는 자
2. 지방분권에 관하여 학식과 경험이 풍부한 자 중에서 국회의장이 추천하는 자
3. 협의체의 장이 추천하는 자

③ 위원장은 제2항제1호의 위원 중에서 호선한다.

④ 위원의 임기, 회의, 사무기구 등 위원회의 구성 및 운영에 관하여 필요한 사항은 대통령령으로 정한다.

제20조(실무위원회 등) ① 위원회의 업무를 효율적으로 지원하기 위하여 위원회에 지방분권촉진실무위원회(이하 "실무위원회"라 한다)를 둘 수 있다.

② 위원회의 업무를 전문적으로 지원하기 위하여 위원회에 전문요원을 둘 수 있다.

③ 위원회의 사무를 효율적으로 처리하기 위하여 한시적인 전담지원기구를 둘 수 있다.

제21조(추진상황의 보고 등) ① 위원회는 제18조에 따라 심의 · 의결한 사항과 지방분권과 관련된 정책의 추진사항에 관하여 정기적으로 대통령에게 보고하여야 한다.

② 위원회는 제1항에 따라 보고를 마친 때에는 관계 중앙행정기관의 장과 지방자치단체의 장에게 보고 내용을 지체 없이 통보하여야 한다.

③ 제2항에 따라 통보를 받은 관계 중앙기관의 장은 신속히 지방분권에 관한 실천계획을 수립하여 위원회에 제출하고, 관련 법

령을 제정 또는 개정하는 등 필요한 조치를 하여야 한다.

제22조(이행상황의 점검 · 평가 등) ① 위원회는 제21조제3항에 따라 지방분권에 관한 실천계획이 차질 없이 이행될 수 있도록 관계 중앙행정기관의 추진상황을 점검 · 평가하여 그 결과를 국무회의의 심의를 거쳐 대통령에게 보고하여야 한다.

② 위원회는 제1항에 따른 평가결과에 따라 관계 중앙행정기관의 장에게 필요한 조치를 권고할 수 있다.

부칙 〈제8865호, 2008. 2. 29〉

제1조(시행일) 이 법은 공포 후 3개월이 경과한 날부터 시행한다. 다만, 제17조부터 제22조까지의 개정규정은 이 법 공포 후 6개월이 경과한 날부터 시행한다.

제2조(유효기간) 이 법은 시행일로부터 5년간 그 효력을 가진다.

제3조(다른 법률의 폐지) 「중앙행정권한의지방이양촉진등에관한법률」은 이 법 공포 후 6개월이 경과한 날에 폐지한다.

제4조(지방분권추진을 위한 위원회 폐지에 따른 경과조치 등) ① 이 법 시행 당시 종전의 제17조에 따라 설치된 지방분권추진을 위한 위원회의 사무 중 지방분권에 관한 사무는 이 법 제17조에 따른 위원회의 사무로 본다.

② 이 법 공포일부터 시행일 전까지 존속하는 종전의 제17조에 따라 설치된 지방분권추진을 위한 위원회의 업무는 활동을 종료하기 위한 잔무처리에 관한 사항에 한한다.

제5조(지방이양추진위원회 폐지에 따른 경과조치 등) ① 이 법 시행에 따라 폐지되는 「중앙행정권한의지방이양촉진에관한법률」

제6조에 따른 지방이양추진위원회의 사무는 이 법 제17조에 따른 위원회의 사무로 보며, 지방이양추진위원회가 심의·의결한 사항은 이 법 제17조에 따른 위원회의 의결을 거쳐 그 효력을 인정할 수 있다.

② 이 법 시행에 따라 폐지되는 「중앙행정권한의지방이양촉진등에관한법률」 제17조에 따른 지방이양 대상사무로 확정된 사무는 이 법 제10조에 따라 지방자치단체에 이양하여야 한다.

지방분권촉진에 관한 특별법 시행령

[제정 2008.6.20 대통령령 제20834호]

제1조(목적) 이 영은 「지방분권촉진에 관한 특별법」에서 위임한 사항과 그 시행에 필요한 사항을 규정함을 목적으로 한다.

제2조(행정적 · 재정적 지원) 중앙행정기관의 장은 「지방분권촉진에 관한 특별법」(이하 "법"이라 한다) 제10조제3항에 따른 행정적·재정적 지원을 하려는 경우에는 그 방법 및 규모 등에 관하여 행정안전부장관과 협의하여야 한다. 이 경우 행정안전부장관은 관계 중앙행정기관의 장과 협의하기 전에 미리 해당 지방자치단체의 장과 「지방자치법」 제165조에 따른 지방자치단체의 장 등의 협의체(이하 "협의체"라 한다) 또는 그 연합체의 의견을 들어야 한다.

제3조(지방분권촉진위원회의 구성 등) ① 법 제17조에 따른 지방분권촉진위원회(이하 "위원회"라 한다)는 기획재정부장관과 행정안전부장관을 포함하여 대통령이 위촉하는 4명, 국회의장이 추천하는 2명, 협의체의 장이 추천하는 4명의 위원으로 구성한다.

② 위원회의 위원장(이하 "위원장"이라 한다) 및 위원의 임기는 2년으로 하며 연임할 수 있다. 다만, 중앙행정기관의 장으로서 위촉된 위원의 임기는 위촉 당시의 직위에 재직 중인 기간으로 한다.

③ 위원장이 부득이한 사유로 직무를 수행할 수 없을 때에는 위원장이 지명한 위원이 그 직무를 대행한다.

④ 위원회는 그 사무를 처리할 간사 1명을 두되, 제7조에 따른 지

방분권지원단의 직원 중에서 위원장이 지명한다.

제 4 조(회의) ① 위원장은 위원회의 회의를 소집하고 그 의장이 된다.

② 위원회의 회의는 공개하여야 한다. 다만, 「공공기관의 정보공개에 관한 법률」 제 9 조에 따른 비공개대상정보에 해당하면 공개하지 않을 수 있다.

③ 위원회의 회의는 재적위원 과반수의 출석으로 열고, 출석위원 과반수의 찬성으로 의결한다.

④ 위원회의 심의 안건과 관련이 있는 중앙행정기관의 장 및 지방자치단체의 장 등은 위원장의 허가를 받아 위원회에 출석하여 발언할 수 있다.

제 5 조(위원의 회피) 위원장이나 위원은 공정한 심의·의결을 하기 어렵다고 인정되는 사유가 있으면 스스로 그 사안의 심의·의결을 맡지 않을 수 있다.

제 6 조(지방분권촉진실무위원회의 구성 등) ① 법 제20조제 1 항에 따른 지방분권촉진실무위원회(이하 "실무위원회"라 한다)는 위원장이 위촉하는 50명 내외의 위원으로 구성하며 효율적 운영을 위하여 필요한 경우에는 분야별로 운영할 수 있다.

② 실무위원회는 다음 각 호의 기능을 수행한다.

1. 위원회에 상정될 안건의 사전 검토·조정
2. 위원회에 상정될 안건의 전문적인 조사·연구
3. 그 밖에 위원회가 위임한 사항

③ 실무위원회가 제 2 항제 3 호에 따라 위원회로부터 위임받은 사항에 관하여 심의·의결한 경우에는 위원회가 심의·의결한 것으로 본다.

제 7 조(사무기구) ① 법 제20조제 3 항에 따라 위원회 업무를 지원하기 위하여 위원회에 지방분권지원단을 둔다.

② 제 1 항에 따른 지방분권지원단의 업무는 행정안전부 소속 공무원이 겸직하여 수행하게 할 수 있다.

제 8 조(관계 기관 등에 대한 협조요청 등) ① 위원회와 실무위원회는 필요하다고 인정하면 관계 전문가나 관계 기관 등에 자료 제출 및 의견 제시를 요청하거나 전문적인 조사·연구를 의뢰할 수 있다.

② 위원회와 실무위원회는 필요하다고 인정하면 공청회 및 세미나의 개최 등을 통하여 여론을 수집할 수 있다.

제 9 조(수당 등) 위원회와 실무위원회의 회의에 참석한 위원 및 관계 전문가 등에게는 예산의 범위에서 수당과 여비를 지급할 수 있다. 다만, 공무원인 위원이 소관 업무와 직접 관련되어 출석한 경우에는 그러하지 아니하다.

제10조(운영세칙) 이 영에 규정한 것 외에 위원회와 실무위원회의 구성·운영 등에 필요한 사항은 위원회의 의결을 거쳐 위원장이 정한다.

부칙 〈제20834호, 2008. 6. 20〉

제 1 조(시행일) 이 영은 공포한 날부터 시행한다. 다만, 제 3 조부터 제10조까지 및 부칙 제 2 조는 2008년 9월 1일부터 시행한다.

제 2 조(다른 법령의 폐지) 중앙행정권한의 지방이양촉진 등에 관한 법률 시행령은 폐지한다.

제 3 조(직원 및 파견공무원에 관한 경과조치) 2008년 8월 31일 당시 「중앙행정권한의 지방이양촉진 등에 관한 법률 시행령」 제10조제 4 항에 따른 직원 및 파견공무원은 이 영에 따른 직원 또는 파견

공무원으로 본다.

제 4 조(다른 법령의 개정) 중앙행정권한의 지방이양촉진 등에 관한 법률 시행령 일부를 다음과 같이 개정한다.

대통령령 제16486호 중앙행정권한의지방이양촉진등에관한법률시행령 부칙(대통령령 제18142호 중앙행정권한의지방이양촉진등에관한법률시행령중개정령에 따라 개정된 내용을 포함한다) 제 2 항 중 "지방이양지원팀"을 각각 "지방분권지원단"으로, "2008년 6월 30일"을 "2008년 8월 31일"로 한다.

참고문헌

금창호 · 김상미(1996), 특별지방행정기관과 지방자치단체와의 관계정립 방안, 한국지방행정연구원.

기획예산처(2008), 시군구 유형별 민관협력체계 실태 및 발전모형에 관한 연구, 기획예산처.

김문성(2004), 행정학.net, 서울: 박영사.

김병국 · 권오철(2007), "지방자치단체 농업행정조직의 조직관리 효율화 방안," 한국지방자치학회보, Vol. 19, No. 4.

김성배(2006), "공공서비스 전달의 적정 거버넌스 모형 모색: 특별지방행정기관의 기능조정을 중심으로," 한국지방자치학회보, Vol. 18, No. 2.

김성호 · 홍준현 · 김재훈 · 안영훈(2004), "사무구분 및 배분체계 재정립 방안," 정부혁신분권위원회 · 한국지방행정연구원, 이제는 지방분권시대 : 참여정부 지방분권과제 2003년 연구자료집.

김세훈 외(2007), 도서관정책 추진체계 개선방안, 한국문화관광연구원.

김영수(2005), 중앙과 지방정부간 사무배분에 관한 입법화 방안, 한국지방행정연구원.

김재훈(1998), "중앙과 지방간의 부문별 기능재배분을 위한 시도", 한국지방자치학회, 한국지방자치학회보, Vol. 10, No. 1.

김정권 · 전국시도지사협의회 · 전국시도의회의장협의회(2006), (작은정부와 지방분권 실현을 위한)특별지방행정기관 지방이관추진 공청회 자료집.

김정해 · 남현이 · 조택(2003), 부처별 중복규제 일원화 방안, 한국행정연구원.

문명재 · 주기완(2007), "정부의 규모(Size), 기능(Scope), 역량(Strength)에 관한 탐색적 연구," 서울대학교 행정대학원 한국행정연구소, 행정논총, Vol. 45, No. 3.

백완기(1985), 행정학, 서울: 박영사.

서울특별시(2003), 국가와 지방간의 사무, 기능 재배분을 위한 사무전수조사결과보고서[특별지방행정기관 정비제언], 서울시.

소진광(2007), "특별지방행정기관정비," 한국지방자치학회, 17대 대통령후보자 지방자치관련 공약에 관한 공청회(2007. 12. 6).

윤의영(2007), "농촌지도기관간 연계협력강화 방안에 관한 연구," 한국농촌지도학회지, Vol. 14, No. 3.

이기우(1991), 지방자치행정법, 서울: 법문사.

이승종(2004), "특별지방행정기관 정비를 위한 검토: 보훈, 식품의약, 환경기능," 한국지방자치학회 2004공동학술대회 세미나 논문집.

이호철 · 박재홍(2001), "개방화와 한국의 농어촌 : IMF 체제이후 농업행정조직 개혁의 현황과 과제," 농촌사회, Vol. 11, No. 2.

임승빈 · 이기우(2008), "중앙과 지방의 관계재설정과 주민참여 ; 우리나라의 국가와 지방정부간의 사무구분 체계 개선방안," 한국지방자치학회 세미나 발표논문.

장지원(2006), "통합부처의 문화통합 영향요인 분석," 한국행정논집, Vol. 18, No. 1.

정동일(2007), "경쟁과 동조, 그리고 조직간 유사성의 패러독스," 한구사회학, Vol. 41, No. 4.

정진우(2001), "조직개편 이후 조직통합을 위한 관리전략에 관한 연구," 한국정책학회보, Vol. 10, No. 1.

최영출(2008), "지방행정체제 개편의 쟁점과 과제," 지역경쟁력 강화를 위한 자치계층체제 개편에 관한 토론회발표자료집.

하정봉 · 소진광(2007), "중앙정부 사무의 지방이양에 대한 실태분석-44개 기능에 대한 공무원 인식조사를 중심으로-," 도시행정학보, Vol. 20, No. 2.

행정안전부(2008), 지방자치단체 조직개편지침, 2008. 05. 01.

Robinson, Alan G. & Dean M. Schroeder(2004), *Ideas Are Free*, Berrett-Koehler Publishers/ 한근태 옮김(2005), 직원들은 답을 알고 있다 : 창조적 기업을 만드는 아이디어 경영, 미래의창.

Scott, W. Richard(1995), *Institutions and Organizations*, CA: Sage.

공저자 약력

금창호(琴敞淏)

한국지방행정연구원 연구위원

행정학박사(건국대학교)

(현) 여성부 정부업무평가위원

(현) 방송통신위원회 행정서비스헌장 심의위원

지방정부기능론(공저)

지방자치단체 위임전결의 실태와 대책(논문)

권오철(權五哲)

한국지방행정연구원 연구위원

행정학박사(서울대학교)

(현) 서울행정학회 운영이사

(현) 한국자치학회 정책이사

(전) 행정안전부 공익사업선정위원회 위원

한국형 지방자치의 청사진(공저)

글로벌시대의 행정경쟁력(공저)

지방자치단체의 복합민원제도 개선방안(논문)

한국지방행정연구원총서

지방행정의 유사중복기능

2008年 12月 20日 初版印刷

2008年 12月 31日 初版發行

共著者 금창호 · 권오철

發行人 安 鍾 萬

發行處 (株)博 英 社

서울特別市 鍾路區 平洞 13-31番地

電話 (733)6771 FAX (736)4818

登錄 1959. 3. 11. 제300-1959-1호(倫)

저자와 협의하에 인지첩부를 생략함

www.pakyoungsa.co.kr e-mail: pys@pakyoungsa.co.kr

定 價 15,000원 ISBN 978-89-7189-931-1